강촌수필문학회

2006 제13집

초판인쇄 2006. 9. 30
초판발행 2006. 9. 30
발 행 처 강촌수필문학회
엮 은 이 신진숙 · 유재경
사 진 황경원
펴 낸 이 배병호
펴 낸 곳 도서출판 신원
등 록 제22-999호
주 소 서울시 동작구 사당1동 1007-39 우석B/D
전 화 02)594-1594, 583-1623
팩 스 02)594-1631
이 메 일 sinwon21@korea.com

값 10,000원
ISBN 89-87884-47-3

강촌수필

제 13집

차 례

권미향
mehwadongsan@hanmail.net

김미루
mirudk@hanmail.net

김 철
kimc_55@hotmail.com

강촌수필문학회

· 한국문인협회 회원
· 현대불교문인협회 회원
· 편지가족 회원
· '편지로 여는 세상' 공저
· 수필 '편지, 그 영원한 설레임'으로 등단

12

· 조선문학 시 등단
· 좋은문학 수필 등단
· 산문집 '풍경이 보이는 초상화'
· 산문집 공저 '아버지 마음 읽기'
· 월간 '사람이 있는 풍경' 편집장
· 경기문화신문 편집국장

34

· 수필집 '길 위의 나날들' 공저
· 대표작 '두릅나무 밑의 욕망'
'여자는 과거를 묻지 않는다'

54

김필례
kpl815@hanmail.net

김희숙
khssilvia@hanmail.net

박문재
munjae52@goyang.go.kr

배희님
paen4930@yahoo.co.kr

강촌수필문학회

· 前 고양신문 기자
· 고양시 주부백일장 수상
· 농협중앙회 공모 '초록빛 사랑' 당선
· 환경수기 공모전 당선
· 월간 문예사조 「사랑초의 생명력」으로 등단

70

· 한국문인협회 회원 (필명:김희원)
· 고양문인협회 회원
· 한국수필문학회 회원
· 수필 '다시 부르고 싶은 노래'로 등단
· 수필집 '무수리의 날개옷'

86

· 한국문인협회고양지부회원
· 수필집 '회귀'
· 수필집 '꽃은 지는 줄 알며 핀다'
· 現 고양시립도서관장

108

· 수필 '까치'로 월간 문예사조 등단
· 수필집 '길 위의 나날들'공저
· 대표작 '눈물의 묘약' '유순'외 다수
· 수필집 '나도 가끔 외도를 꿈꾼다'

130

강촌수필문학회

신 영 숙
sophist427@hanmail.net

유 재 경
yjkung22@hanmail.net

윤 영 준
minari62@naver.com

이 은 영
lsjmum@yahoo.co.kr

· 수필집 '길 위의 나날들' 공저
· 대표작 '광화문 비상구' '창가의 인생'
'즐거운 실수' 외 다수

152

· 강촌수필문학회 부회장
· 한국문인협회고양지부 회원
· 한국창작미술협회 이사
· 대표작 '가평으로 간 토끼' '시선'

162

· 연세의원 원장
· 대표작 '가난한 사람들, 돈 못버는 의사'

188

· 필명 이언주
· 한국수필 신인상 수상
· 문학시대 시등단
· 선수필 공모 당선
· 대표작 ' 아버지의 택배', '개망초꽃 할머니'

210

강촌수필문학회

최봉희
bongjuri@paran.com

희 우
heewoo11@nate.com

황경원
hwang_kw@hanmail.net

신진숙
crom0518@lycos.co.kr

연혁 312
www.kangchonessay.com

강촌수필문학회

· 파주문인협회 회원
· 고등학교 교사
· 파주시 문예공모 최우수상
· '시사문단' '문예사조' 등단
· 경기사이버문인협회 회장
· 샘터상 30회 시조부문 수상
· 수필집 '사랑은 동사다'

232

· 본명: 최호
· SK텔레콤 상무이사(대구, 경북 본부장)
· 열린우리당 벤처경제 특위 부위원장
· 희우텔레텍 (주)대표이사
· 대표작 '거울보기' '보낼 때는 말없이' 외 다수

262

· 월간 에세이플러스 등단
· 수필집 '길 위의 나날들' 공저
· 대표작 '친구, 신짜오' '팔공산에 숨겨진 선물'

268

· 국제펜클럽한국본부 회원
· 한국문인협회 회원
· 고양문인협회 회원
· 강촌수필문학회 회장
· 시집 '열리지 않는 창'
· 수필집 '내 안의 봄봄'
· 시집 '붉은 꽃 열흘'
'신발이 부르는 소리'

290

권미향

mehwadongsan@hanmail.net

아침 이슬이 여린 잎사귀 위로 내려앉으면 깊은 숲속이 되고, 감아 오르는 줄기 사이로 바람이 스치면 강원도의 깊은 골 산 바람이 된다. 그 앞에 앉으면 산 같은 그리움이 인다. 아버지와 함께 산에 오르던 소녀가 되기도 하고, 어린 시절의 '꼬오장의 더덕지'가 되기도 한다. 내 부모님이나 조부모님에게 귀한 존재였듯이, 지금의 가족들에게 나는 어떤 존재인가를 생각해본다. 단순히 나 자신만의 존재가 아닌 나의 희생으로 얻어진 귀한 자리임을 다시한번 확인하게 된다

황혼을 배경으로

양로원의 지붕 위로 석양이 내려앉을 무렵, 자유로의 가로등이 일제히 켜지기 시작한다. 자유로에서 바라보는 북녘의 노을이 한강으로 스민다. 하늘 한 자락이 물들더니, 이내 모든 것이 물들고 만다. 늪지대의 갈대가 물들고 철새의 날갯짓도 물이 든다. 황혼을 배경으로 낮에 만난 노파의 뒷모습이 붉은 강물 위를 허우적댄다.

양로원의 마당으로 자가용 한대가 들어오고 있었다. 연로하신 할머니와 그의 자식들로 보이는 중년이 넘은 사람들이 타고 있었다. 양로원의 외로운 노인들은 자식이 운전하는 차를 타고 온 할머니를 부러워하였다. 외로움을 달래기 위해서 휴게소에 함께 모인 노인들은 그 할머니에게로 모여 들었다. 무얼 하며 살았는지, 자식은 몇인지, 그 곳에는 왜 왔는지 궁금증은 끝이 없었다.

그녀는 구남매를 둔 어머니였으며, 양로원에서 살고 싶어서 왔다고 하였다. 건강할 때는 시골에서 혼자 살았다. 명절이라고 내려오는 자식들에게 깨 한 됫박이라도 들려서 보내기 위하여 열심히 일을 하였다. 그런 덕에 자식들의 차 트렁크 안이 가득 찰 때는 누구도 할머니를 부담스러워하지 않았다. 그러다가 더 이상 혼자서 농사일을 하기 힘이 들었고, 자식들은 그런 할머니가 부담스러웠다. 할머니는 자식들과 함께 살고 싶었지만 누구도 같이 살고자하는 자식이 없었다. 어느 자식은 맏이가 아니라는 이유로, 또 어느 자식은 가난하다는 이유로 할머니를 거절하였다.

할머니는 양로원에서 살고 싶어 하였고, 자식들도 마찬가지였다. 그러나 할머니가 그 곳에 살기에는 조건이 지나치게 좋았다. 할머니에게는 자식들이 있었고, 생활보호대상자가 아니었다. 할머니가 그들에게 짐이 된 만큼 자식들도 할머니에게 장애가 되었다. 그 곳에서 살수 없음에 실망한 그들에게 원장님은 생활비 월30만원으로 받아주겠다는 제안을 하였다. 반가움을 감추지 못하는 할머니와는 달리 자식들은 한동안 말이 없었다. 구남매가 나누어서 4만원씩만 낸다면 할머니의 수중에 몇 만원의 용돈이 쥐어질 텐데도 그들은 거절하였다.

“엄마가 이곳에 살면 나는 그 돈을 벌기 위해서 남의 집에 일을 다녀야 되는데 그래도 엄마는 여기에 살아야겠어?”

자신을 버리려하는 딸인데도 그 자식이 남의 집 일을 한다는 것이 용납이 되지 않은 모양이었다. 부모의 마음이었다. 할머니가 자식들과 함께 자가용으로 떠난 후, 그 곳의 노인들을 포함한 어느 누구도 한동안 아무 말 하지 못하였다. 부모는 열 자식을 거느리지만 열 자식은 한 부모를 거느리지 못한다는 말을 나름의 판단으로 해석을 하는 지도 모를 일이었다.

한 때, 자식이 든든한 울타리가 되던 시절이 있었다. 구남매를 키우느라 허리가 휘었을 할머니에게 사람들은 다복한 사람이라고 입버릇처럼 말했을 것이다. 나중에 부모를 업어다가 버리는 한이 있어도 아들은 있어야 한다는 것이 우리의 사고였다. 가문의 대를 잇지 못함이 칠거지악에 들어가는 만큼 자식은 가문을 지탱하는 힘이었다.

오남매의 장남에게로 맏딸을 시집보내신 친정어머니는 내가 둘째를 가졌을 때 나보다도 더 불안해 하셨다. 햇살보다도 밝고 별 보다도 더 빛나는 아이가 있었음에도 아들은 꼭 있어야한다는 생각 탓이었다. 막내 동생의 새벽밥을 챙기시던 어머니가 맏사위의 전화를 받고 긴장을 하셨다.

"이 사람아 뭘 낳았는가?"

"와 보시면 안 압니꺼."

경상도 남자 특유의 말없음의 소치였다. 또 딸을 낳은 게 틀림없다고 믿으신 어머니에게는 하늘이 무너지는 일이었다. 실망한 어머니는 막내아들의 위로를 받은 뒤에야 병원에 도착하였다. 딸만 둘을 낳은 자신의 딸에게 무슨 말을 해야 할지 고심을 했을 것이다. 병원에 도착해서야 아들임을 안 어머니는 사위의 말없음을 원망하며 안도 하셨다.

아들이 보험이나 적금보다 든든하던 시절은 옛말이 되어버렸다. 늙으면 자식도 무엇도 필요 없고 돈이 효자인 시대라는 말은, 모든 것을 다 준 뒤에 남은 빈손이 자식들 앞에서 당당할 수 없음을 말한다. 잦은 부부싸움을 하는 자식들에게

짐이 되기 싫어 스스로 양로원을 찾는 노인들이 있는가하면, 타국의 공항에다 노모를 버리고 온 아들의 얘기가 뉴스에 나오기도 한다.

사람은 무덤 앞에서야 비로소 팔자 얘기를 할 수 있다고 한다. 그 말은 삶이 힘겨운 사람들을 위로하기 위해 만들어낸 말인지도 모른다. 자식을 위해서 열심히 일하던 젊은 시절을 보내고, 그 자식들의 효도를 받으며 노년을 보내기를 누구나 소망한다. 아름다운 노년이야말로 좋은 팔자임에 틀림없다.

황혼을 배경으로 노부부가 나란히 공원길을 거니는 풍경은 아름답다. 저만큼의 거리에서 어린 손자들이 할아버지 할머니를 반기며 뛰어오는 모습 또한 아름답다. 중년으로 치닫는 자식들이 그 광경에 미소 지을 수 있는 孝가 살아있는 세상은 더욱 아름답다.

꼬오장에 더덕지

방학이 되면 아버지와 산을 헤매곤 하였다. 정서가 닮은 탓이었다. 깊은 산으로 올라서 모퉁이를 돌면 바람에 실려 오는 향기가 있었다. 산 더덕이었다. 더덕은 은둔이 외로운 탓인지 바람만 스쳐지나가도 향기로 아는 체를 하여 들키기를 자초하였다. 아버지는 후각을 일깨우며 향기의 근원을 찾곤 하셨다. 아버지의 발길을 따라 나뭇가지들을 헤치면 어김없이 초롱 여럿을 매단 넝쿨이 있었다. 녹색의 화관과 자줏빛의 속살과 노란수술은 어울리지 않을 듯한 각각의 색깔을 가졌음에도 절묘한 조화를 이루어 종모양의 꽃을 더욱 신비롭게 하였다.

산 더덕의 고귀한 은둔은 아버지와 나를 만나는 순간 그것으로 끝이었다. 향기 좋은 강원도의 산 더덕이 배낭에 쌓일 즈음이면 아버지는 슬그머니 챙겨간 무엇을 꺼내곤 하셨다.

영락없이 소주 한 병과 고추장이 들어 있곤 하였는데, 갓 캔 산 더덕을 손톱으로 벗기면 그 향기는 산을 흔들고, 아버지의 술 맛을 흔들고, 나의 화려했던 유년을 흔들곤 하였다.

어린 시절의 나는 안하무인이었다. 외가에도 친가에도 아이가 없는 집에 태어나서 오랫동안 동생이 없었으니 그도 그럴 터였다. 그런 내게 붙여진 또 다른 이름은 '꼬오장에 더덕지' 였다. 고추장에 박은 더덕장아찌라는 말의 경상도 표현이다. 꼬오장에 더덕지가 무엇인지, 왜 그렇게 불려지는지도 모르면서 막연히 내게 붙여진 별명으로만 알았다. 산이 깊지 않은 경상도에서 더덕이란 귀하기 마련이며, 귀한 더덕을 고추장에 박아서 손이 많이 가는 장아찌를 만들었으니 그 반찬의 귀함이 당연한 일임을 장아찌 만들기에 매료된 이후에야 알게 되었다.

어른들은 들에 나가있는 동안 '꼬오장에 더덕지' 를 배려하여 친구들을 함께 데리고 나가셨다. 그 아이들은 주로 나의 간식에 팔려(?)온 가난한 집의 아이들이었다. 흙이며, 풀이며, 들꽃이며 아이들의 장난감은 지천이었다. 소꿉장난을 하면서 잘 놀던 아이가 갑자기 죽는 소리를 내면서 울기 시작하였다. 어른들은 제 각각 밭두렁에 앉아있던 아이가 뱀에나 물렸는지, 아니면 벌에라도 쏘였는지 하는 불길한 생각들을 하면서 뛰어 나왔다.

나는 너무나 말짱한 모습으로 악을 쓰며 울고 있었다. 놀란 어른들이 보기에는 이유 없는 듯한 울음이 아이에게는 대단한 이유의 울음이었다. 그 것은 참을 수 없이 분한 일이었다.

"야가 소똥을 안 만지잖아. 내가 만지라 캤는데……"

밭둑에서 소꿉장난을 하던 아이가 실수로 손을 헛짚어서 소똥이 손가락 끝에 조금 묻어 버렸다. 자기 손에만 소똥이 묻은 아이는 억울하고 민망하여 친구에게 소똥 만지기를 강요하였다. 아무리 아이의 친구로 놉이 되어 온 처지이지만 소똥까지 같이 만져주는 일은 부당하다고 느꼈던지 거절을 하였다.

"만져라, 니도 소똥 만져라."

나만 소똥을 만진 것도 억울한데 친구마저 명령을 거절하였다는 것은 아이의, 그것도 꼬오장에 더덕지의 자존심에 치명적인 것이었다. 급기야 나는 친구의 손을 소똥 앞으로 끌고 갔고 친구는 필사적으로 버티기에 이르렀다. 너무나 당연한 그 아이의 행동이 '꼬오장에 더덕지'에 대한 반발이라 여긴 아이가 악을 쓰며 울어도 분이 삭지 않은 것은 당연한 일이었다. 그것이야말로 꼬오장에 더덕지다운 일이었다.

우리 집에서 식사하기를 좋아하는 지인들이 여럿 있다. 정성껏 밥상을 차려놓고 접대하기를 좋아하는 나의 성격 탓도 있지만, 흔치않은 밑반찬들이 식사손님이 많은 이유의 하나이기도 하다. 지인들은 장아찌가 많음에 놀라고, 그 장아찌들이 담긴 그릇에 놀라곤 한다. 바닷가의 파돗소리를 담은 조개껍질이라든가, 무지갯빛이 감도는 전복껍질이라든가, 예쁜 모양새의 나뭇잎이라든가, 그런 특별한 것에 장아찌를 정갈하게 담아서 밥상에 올리기 때문이다. 장아찌는 손이 많이 가는 음식이기도 하지만 최소한 몇 개월은 걸려야 숙성이 되는 '세월의 음식'이기에, 상차림에 있어서도 최대한의 예우가 있어야 한다는 게 나의 장아찌 사랑에 대한 표현이다.

전통요리에 관심이 많아지면서부터, 정확히 말하면 꼬오

장의 더덕지이던 시절이 그리워지면서부터 갖가지 장아찌를 담그는 것이 취미 중의 하나가 되었다. 더덕은 물론, 곰취, 콩잎, 깻잎, 가죽, 묵은 김치, 양파, 마늘, 고추, 매실, 감, 오이, 무, 등 음식의 재료가 되는 모든 것들을 장아찌로 담가보면서 시행착오를 겪기도 하였다. 내가 담그는 많은 종류의 장아찌 중에서도 유독 해마다 거르지 않고 담그는 것이 더덕장아찌이다. 각각의 장아찌들이 나름의 향과 맛을 지녔지만 더덕장아찌에 대한 나의 사랑은 각별하다.

해마다 대를 이은 산 더덕을 심는다. 산을 떠난 지 몇 십 년이 지나 이제는 서울의 도심에 뿌리를 내렸지만, 그래도 여전히 강원도 깊은 산에서 아버지와 함께 씨앗을 받은 산 더덕이 분명하다. 아침 이슬이 여린 잎사귀 위로 내려앉으면 깊은 숲 속이 되고, 감아 오르는 줄기 사이로 바람이 스치면 강원도의 깊은 골 산 바람이 된다. 그 앞에 앉으면 산 같은 그리움이 인다. 아버지와 함께 산에 오르던 소녀가 되기도 하고, 귀해서 안하무인이었던 어린 시절의 '꼬오장의 더덕지' 가 되기도 한다.

내 부모님이나 조부모님에게 귀한 존재였듯이, 지금의 내 가족들에게도 귀한 존재인지를 생각해본다. 나와 함께 살았던 여러 명의 시동생들, 지금도 함께 살고 있는 시누이, 남편과 내 딸과 아들, 그들에게 나는 없어서는 안 될 존재다. 단순히 나 자신만의 존재가 아닌 나의 희생의 대가로 얻어진 귀한 자리로써, 나는 지금도 '꼬오장의 더덕지' 가 분명하다.

아버지의 일기장

일기는 삶의 기록이고 추억을 위한 풍경이다. 개인의 생각이나 일들이 여과 없이 적혀 있는가하면, 그 시대의 역사가 반영되기도 한다. 세월이 변해도 빠지기 않는 방학숙제 중의 하나이기도 한 것은 기록의 중요성 탓이다. 선조 때의 금계노인이 그의 일기 '금계집'에서 정유재란 때의 시대 상황을 반영하는가 하면, 이순신 장군의 난중일기 또한 모든 것을 기록하고 있다.

아버지의 49재가 가까운 절에서 치러지던 날, 어머니는 아버지가 남겨주신 유품을 자식들에게 꺼내주었다. 돌아가시기 전날까지도 쓰신 일기장과 몇 십 년 전에 어린 우리들에게 보내셨던 빛바랜 편지들이었다. 자식들에 대한 사랑이 특별하셨음을 보여준 귀한 유산이었다. 아버지의 일기장에는 동창회가 일찍 끝나 저녁 식사를 하지 않고 오셨다는 얘기며, 밥상 차리는 며느리의 수고로움을 배려하여 저녁을 드시고 오셨노라고 거짓말을 하셨다는 며느리 사랑도 고스란히 적혀 있었다. 아버지의 마지막 일기장을 펼쳐드니 슬픔과 회한이 아버지의 일생 위로 포개지고 있었다.

아버지는 일생을 군인으로 보냈음에도 정서가 아름다운 분이셨다. 자식들에게 많은 편지를 보내 주셨는가하면, 박목월의 시를 읊어주어 구름에 달가듯이 가는 나그네의 뒷모습을 연모하게도 하였다. 낚싯대를 들고 서면 다리를 스쳐 흐르는 강물의 느낌이 어떤지를, 바람에 흔들리는 야생화의 언어가 무엇인지를 아버지를 통해서 알게 하셨다.

"이 글이 나의 마지막 글이 될지 모르겠다. 사랑하는 내 가족들아! 사람은 이 세상에 태어나서 백 년을 못 살지만 천 년을 꿈꾼다."

명심보감에 나오는 그 말보다도 앞날에 대한 끝없는 희망을 주는 해석이었으며, 실로 그 것은 아버지다운 유언이었다.

"人無百歲人이나 枉作千年計니라."

명심보감에 나오는 말로써, 사람은 백 살을 사는 사람이 없으나 부질없이 천년의 계교를 세운다는 뜻이다. 겸양과 용서로 세인을 대하되 항상 자신에게는 반성을 가하여 후회 없기를 기하며, 운명에 순종하여 청빈 생활에 만족하라는 교훈을 가진 말이다.

아버지는 귀한 유산을 일기장의 마지막 페이지에 유언처럼 남겨놓고 먼 길을 떠나셨다. 유난히도 비가 많이 내리던 여름날에 아버지의 관 위로 한 삽 한 삽 흙더미가 던져지고 있었다. 아버지의 장례는 집에서 행해졌다. 그 것은 순전히 병원에서 치러지는 의례적인 의식으로 아버지를 보내기가 민망한 탓이었다. 집 앞 골목까지 가득 찬 조문객들은 엄숙하면서도 호화로운 장례에 놀라곤 하였다.

명문가에서 자라 그게 자부심이었으며 삶을 지탱할 수 있는 힘이던 어머니는, 명문가의 딸임을 한껏 보여 주셨다. 언제 그렇게 꼼꼼하게 장만해 두셨는지 아버지나 우리 상주들의 옷 또한 특별하였다. 아버지의 수의는 어머니의 혼수품이었다. 사십 여년을 간직했던 결이 고운 최상급의 명주로 어머니께서 직접 아버지의 마지막 옷을 지으셨다.

아버지의 장례식은 사극에서 등장하는 명문대가의 장례의식 그대로를 재연하고 있었다. 영안실에서 파는 희거나 검은 상복과는 격이 다른 고급 삼베로 만들어진 상복을 우리들에게 입히셨다. 짚으로 꼬아서 허리에 묶는 요질이나 머리에 두르는 수지 하나까지도 빠뜨리지 않고 전통의 그대로 챙겨 입히시는 것으로, 아버지께 최상의 존경을 표하신 것이다. 요즘 볼 수도 없는 짚으로 엮은 자리 위에 우리를 앉히셨고, 밤을 새는 맏아들에게는 짚으로 만든 베게(고침稿枕)를 준비해 두고 잠깐 기대어 쉬게 하셨다. 상주는 죄인이라 하여 짚으로 만든 자리나 베개를 썼다하였는데, 그 물건을 본적이 없는 손님들에게는 볼거리였으며 화려한 장례의식을 빛내는 소품들이었다.

사람은 자신의 마지막을 안다는 말이 사실인지 아버지의 일기는 마지막 글이라고 적혀 있었다. 자식들에게 할 마지막 당부의 글을 적을 때, 아버지의 심정은 어떠했을 지 가슴이 아팠다. 그 해 어머니의 생일날에는 영원히 시들지 않는 조화로 된 장미꽃을 안겨 주셨다. 마지막으로 줄 수 있는 꽃이기에 오래토록 어머니의 생일을 챙겨주고 싶은 마음을 대신한 모양이었다.

투병기간 동안 아버지 앞에 보여 준 동생들의 효도는 놀라웠다. 효는 내림이라는 말을 증명이라도 하듯이 내 부모님이 할아버지 할머니께 보여주신 대로 제 아이들에게 보여주고 있었다. 성균관 표창이 친정의 족보를 빛내는 만큼 대를 이은 효도는 아버지의 일기장 속의 소재가 되기도 하였다.

나는 가끔씩 아버지의 일기장에 욕심을 내기도한다. 부모가 가신 후 상속 문제로 시끄러워지는 집들을 보면서 나의 욕심을 돌아본다. 내게 아버지의 일기장처럼, 가지고 싶은 것이 재산인 사람들은 다툴 수도 있다는 생각을 하였다. 아버지가 우리들에게 남겨주신 유산은 다툼도 감정의 거슬림도 없는 천년토록 빛날 고귀한 유산이었다.

일기를 쓰는 것은 단순히 나의 하루를 기록하는 것이 아니다. 생각을 담고, 마음을 담고, 세월을 담고, 끝내는 나를 담는 작업이다. 아버지의 일기가 자식들에게 추억과 그리움과 교훈까지도 줄 수 있었음은 그 속에 아버지가 머물기 때문이다.

옥돌이

장맛비가 쏟아지기 전 날, 딸아이가 강아지 한 마리를 안고 들어왔다. 딸아이의 품에 내가 싫어하는 강아지가 너무나 자연스레 현관을 들어서는 순간, 나는 흥분하였다. 강아지의 이름은 '옥돌이'였다. 옥상에 버려졌다하여 식구들이 지어준 이름이다.

방송에서는 장마를 알리는 예보가 계속되고, 장마에 병들어 죽을지도 모르는 유기견은 심성 착한 남편을 갈등케 하였다. 내가 얼마나 개를 싫어하는지를 알기에 그는 고민을 하였고, 딸아이와 상의를 하기에 이르렀다. 개를 싫어하는 나를 설득하여 마땅하게 키울 사람이 나타날 때까지 집에다 데려다 두기로 합의를 한 모양이었다.

어린 강아지가 주인에게서 버려진 며칠 동안을 무서움과 굶주림과 두려움에 떨었을 것을 설명하면 참아 주리라 여겼던지, 부녀의 설명은 장황하였다. 목욕을 시키고, 애견 미용실에 가서 몸단장도 시키고, 동물병원으로 가서 건강 상태까지 체크 했는가하면 사료 한 포와 목줄까지 사둔 뒤였다. 내가 강아지를 얼마나 싫어하는지 누구보다도 잘 아는 두 사람이 그랬다는 사실이 나를 당혹케 하였다. 나를 최고라고 입버릇처럼 말하던 사람들이 개 한 마리로 인해 나를 배려치 않았다는 생각에 이르자 나의 흥분 상태가 도를 넘었다. 그들의 박애 정신에 박수를 보내기에는 이미 너무 늦어버렸다. 그들은 강아지를 키울 사람을 수소문하기에 바빴고, 나는 강아지와 내가 한 집에 산다는 것이 용납이 되지 않아 가출을 감행하기에 이르렀다.

"내가 나갈까? 개를 내보낼래?"

옥상에 버려졌던 강아지가 우리 집의 거실에서 사랑을 받는 사이에 주인인 나는 장맛비 속을 헤매고 있었다. 단지, 싫음의 강력한 표현으로만 여겼던 식구들은 당황하여 핸드폰의 신호음으로 찾고 있었다. 개와 한 자리에서 밥을 먹는 것이 용납이 되지 않는다는 이유로 며칠 동안 외식만을 강행했을 뿐, 가출은 중도에 포기하고 말았다. 그들을 배려하는 척하였지만, 이미 날은 어두워지고 있었고 마땅히 갈 곳이 있는 것도 아니었다.

식구들은 개를 내보내겠다고 말을 했지만 은근히 강아지를 예뻐하는 눈치였다. 녀석은 버려지는 것에 질린 탓인지 남편과 딸아이에게 필사적으로 매달려서 재롱을 떨었다. 앞다리 두 개를 들고 사람처럼 서서 춤을 추는가하면 그들의 무릎을 베고 눕기도 하였다. 강아지는 신문지를 깔아 둔 베란다 한 쪽에서만 용변을 보았으며, 남편이 관심을 보이지 않으면 목줄을 물고 나와서 한 쪽 끈을 남편에게 쥐어주고 한 쪽은 자신이 입으로 물고는 남편을 끌고 현관으로 나가기도 하였다.

어린 시절, 아버지 어머니보다도 더 든든한 존재인 할아버지와 할머니가 있는 한 내게 두려운 것이란 없었다. 겁이 많은 나를 이기는 유일한 존재는 과수원집의 시커먼 개뿐이었다. 그 개 앞에서만 작아지는 자신을 참을 수가 없었다. 하찮은 개가 나를 이긴다는 사실이 화가 났다. 과수원의 능금이 하얗게 꽃을 피우던 봄날에도 그저 멀리서 바라만 볼 뿐이었다. 과수원 울타리에 찔레꽃 무리가 소담스레 맺히던 여름날에는 개장수가 그 개를 훔쳐 가버리기를 바랬다. 사과가 탐스럽게 익은 가을에도, 과수원의 나뭇가지가 온통 흰 눈으로 뒤덮여 있는 겨울에도, 개가 쥐약이라도 먹고 죽어버리기를 바랬다. 간절했던 나의 바람은 언제나 허사였고 나는 점점 세상의 모든 개를 싫어하게 되었다.

장맛비를 피하고 며칠 동안 식구들의 지나친 사랑을 받던 옥돌이는 새로운 주인을 찾아서 떠났다. 남편의 품에 안겨서 끝까지 매달리던 옥돌이를 보내고 나는 여러 날을 울었다. 눈물이 많은 탓이라고 핑계를 댔지만 식구들은 나의 여림을 알고 있었다. 보낼 수밖에 없음을 설명하면서도 남편이나 아이들에게 미안한 마음이었다. 그들의 아름다운 마음 앞에서 내가 보여준 며칠간의 투쟁은 실로 가관이었음을 모르는 바는 아니었다. 개를 지독히도 싫어하는 나로서는 당연한 일이었지만, 강아지 한 마리로 하여 자식들 앞에서 피도 눈물도 없는 야박한 엄마가 되어버렸다.

강아지가 시부모님보다 앞선 순번을 가졌다는 웃지 못 할 얘기는 이미 오래전의 일이다. 강아지만을 위한 카페와 강아지 호텔이 성업 중이라는 사실이 그를 뒷받침하는 일례이기도하다. 사람이 개를 포대기로 업고 다니는 이상한 작태를 소개하는 매스컴은, 비난이나 우스갯거리로 소개하기보다는 동물을 지극히 아끼는 인간적인 사람으로 다루기 일쑤이다. 호사스런 옷에 가죽 신발까지 신은 개가 주인의 나들이 길에 우아하게 동행을 하는가하면, 애견가들은 자신들이 기꺼이 개 아빠나 개 엄마가 되기를 자초하기도 한다.

동물을 사랑하는 일 역시 사람을 사랑하는 일만큼이나 책임을 동반한다. 미울 때도 미워하지 않는 것이 사랑이며, 귀찮아졌을 때도 귀찮아하지 않는 것이 사랑이다. 재롱이 귀여울 때 사람보다도 더 극진한 사랑을 받았음에도 결국에는 버려지고 마는 유기견들이 사회문제가 되기도 한다. 예쁠 때만 사랑하는 일은 사랑이 아니라 소유일 뿐이다. 동물을 사랑하는 방법은, 끝까지 아껴주는 일이며 동물을 동물답게 키워야 하는 것이 아닐까한다.

친구를 추억하다

이른 아침의 까치 소리로 하여 더 푸르러진 늦가을의 하늘은 눈부시도록 아름답지만 그 어느 곳에도 너는 보이지 않아 가을바람만큼이나 서늘한 가슴을 감싸 안는다.

이승을 떠나면 하늘로 간다했는데 가을 하늘 아래에는 익은 몸 빛깔의 작은 고추잠자리만 날 뿐이다. 잠자리 빛깔만큼이나 고운 빛의 장미 한 송이가 한 잎 꽃잎을 떨구어 고추잠자리가 내 발 아래로 내려앉은 듯한 착각을 해본다.

장미꽃, 너의 집 담장에는 온통 장미넝쿨이 뒤엉켜있어 장미꽃집으로 불렸었는데 장미꽃집의 안주인이던 너는 그 집을 떠났다. 너의 영원한 보금자리 그 곳도 역시 '장미공원' 이었다.

비가 많이도 내리던 봄날의 어느 밤이었다. 우산 하나에 내 몸집 하나도 다 가리지 못한 채 네가 누워있다는 영안실로 향해서 뛰었었다. 차마 믿을 수 없는 엄연한 사실을 인정하지 않기 위함이었지만, 빗물보다 더 많은 눈물이 먼저 그걸 인정하고 있었다.

향내음과 국화향이 뒤엉켜서 그 묘한 향은 이승과 저승을 가르고 있었다. 사진 속에서 너는 여전히 내게 웃고 있었다.

"여자는 무엇으로 사는가?"

모 방송국에서 정해준 제목을 놓칠 수가 없어서 글 한번 끄적여 본 게 너와의 인연이 되어 여러 해를 아름다이 보냈었는데, 이제 너 떠나고도 오랜 세월이 지나서야 너에게 묻는다.

'여자는 무엇으로 사는가?'

'너는 무엇으로 살았는가?'

어떤 유혹이었기에 어린 두 딸과 남편을 두고 떠날 수 있었는지, 서른다섯의 나이를 영원히 갖고자함이었는지.....

우리의 자만이 한껏 부풀어 있던 어느 가을날의 주부백일장에서 너는 그렇게 얘기했었다. 넓은 잔디밭에서 같이 원고지를 펴놓고 앉아있을 수 있는 것만으로도 행복하다고. 다음날의 신문 한 켠에 우리의 이름이 나란히 실려 있어서 우리의 자만을 한층 부풀리던 그 해의 가을이 너의 마지막 가을이었다. 수백 포기의 김장을 하느라고 바쁘던 고아원의 김장하던 날의 추억도, 함께 모여서 그 곳 아이들의 베게를 만드느라 수선스럽던 기억도, 감이 익을 무렵이면 감이 익는 곳으로 찾아 나서던 낭만도, 모두 싸안고 너는 가버렸다.

장미공원에 너의 보금자리를 짓던 날에 그 곳은 온통 봄꽃들의 향연이 벌어져 있었다. 너의 고운 감성으로 긴 글을 쓰던 할미꽃도 피어있고, 제비꽃이며 수없는 봄꽃들이 피어 있었다. 향하던 길목마다에 복숭아꽃이 만발해 있어서 장미공원 대신에 천국의 동산이라 이름하고 싶었다. 철따라 계절의 꽃이 만발하여 외롭지만은 않을 듯하여 너를 두고 오는 나를 위로할 수 있었다.

너를 보내고 오래토록 앓았었다. 네가 얼마나 열심히 어떻게 살았는가를 잊었었다. 다만 몇 살의 나이에 왜 떠났는지가 숱한 날들 동안 고통스레 하였다. 나 또한 너처럼 갈 수 있다는 어리석음이 나를 지배하고 있었다.

생이 얼마나 길고 짧은가도 엄청나게 중요하다는 것을 남겨진 너의 아이들로 하여 알았지만, 자신의 삶을 얼마나 열심히 최선을 다해서 사는가 하는 일 또한 중요하다는 것을 늦게야 깨달았었다.

그 무렵, 고작 열흘 동안 앓다가 간 너의 마지막 날들의 짧음을 아쉬워하면서도 또 한 켠의 나는 그 열흘을 부러워하였다. 내게는 그 열흘의 준비 기간조차 없을지도 모른다는 두려움이 온통 나를 지배하곤 하였다.

35년이라는 짧은 생을 살았지만 그 삶에 최선을 다했기에 너는 아름다운 여인이었다. 가끔씩 너와 함께한 추억들을 들춰보고 사진 속의 예쁜 네 얼굴을 들춰본다. 잊으려 애쓰지도 않으며 다만 오래토록 못 볼 뿐이라고 생각한다.

가을에는 떠나지 말라며 시인의 음성같이 노래하는 어느 가수의 노래를 마음으로 읊는다. 차라리 가을도 겨울도 아닌 들꽃이 만개하던 봄에 너를 보낸 일이 얼마나 다행한 일인가를 생각한다. 너는 영원히 내 마음 속의 들꽃으로 남았기에.

너와의 마지막 가을 하늘을 생각하며 오래도록 가을 하늘을 쳐다본다. 하늘나라에 있다는 너, 그 곳에 정말 네가 있나를 찾아보며 하얀 구름 꽃으로 그 봄의 들꽃을 그린다.

가을을 잃어버린 친구, 너에게 내 부끄러운 고백을 마음껏 보내듯이 이 익은 가을을 마음껏 보내마. 안녕.

김미루

mirudk@hanmail.net

시장은 사람들의 마음의 고향이자 원초적인 정감의 터전이다. 시장에 가면 내 가슴 언저리를 훑으며 궁싯궁싯 추억을 일깨워 주어 참 행복하다. 어릴 적 할머니 손을 잡고 걷던 북새통을 이루는 장터가 그렇게 정겨울 수가 없다. 늘 내 마음속에 아름다운 풍경으로 남아 있기에 지금도 한가한 날은 시장골목을 휘둘러보는 습관이 있다. 시간이 날 때 마다 만화경을 보는 천진한 시골아이처럼 눈 휘둥그레 뜨고 그 좁은 시장 골목을 걷고 또 걸을 것이다.

여행수첩

지난해 가을이었다. '오지 트레킹' 전문 여행사의 초청을 받아 함께 떠난 '옛길 트레킹' 취재는 흥미로웠다. 국내에서 밤하늘의 별을 가장 가까이 볼 수 있다는 강원도 화천의 오지 비수구미 마을로 떠나는 여행은 사뭇 궁금하기만 했다. 경춘가도를 달리며 차창 밖으로 보이는 새벽녘 물안개의 풍광에서부터 잠시 넋을 잃는다. 때로는 이러한 풍경들이 사람들에게 많은 사색의 길을 틔어 준다. 더더구나, 체험하지 못한 오지로 가는 풍경은 우리들을 옛 추억으로 이끌거나, 까마득한 동심으로 설레게 한다.

옛길의 탐사 여행은 화려한 명승지로의 관광이거나, 재미가 쏠쏠한 먹을거리나 볼거리가 있는 여행이 아니더라도, 그저 사람의 발길이 뜸한 척박한 오지의 길을 열며, 훌쩍 떠나보는 것도 참다운 여행이 아닐까 싶다. 달리는 버스 차창너머로 강을 끼고 펼쳐지는 자연의 풍성함을 만끽할 수 있었다. 간간이, 경춘선 교외열차가 끝없이 긴 꼬리를 매달고 달리는 모습이 강물에 고스란히 비쳐 아름다운 영상을 보는 듯하였다.

호반의 도시 춘천을 지날 때, 물안개 서서히 걷히며 펼쳐지는 호수의 정경은 우리들로 하여금 눈을 차마 감지 못하게 하였다. 물위에 떠있는 이름 모를 섬과 섬 사이로 흔적 없는 바람이 휘휘 스치고, 햇살 부드럽게 부서지는 호반의 나들이는 여행자들의 묵힌 스트레스를 한꺼번에 날려 보낸다.

춘천을 벗어나 화천의 좁고 가파른 국도를 달리니 점점 전방 가까이 접어든다. 버스는 처녀의 애달픈 전설이 깃든 처녀고개를 넘어 저녁 6시 이후에는 차량이 통제된다는 해산마을의 민통선 곁으로 내달리고 있었다. 최북단의 해산터널. 그 깊은 터널로 깊숙이 빨려 들어가며, 한편으로는 음산함을 느끼기까지 하였다.

터널을 지나 아흔 아홉 구비 길목의 정상인 해산전망대에서 바라본 산하는 깊고 뾰족한 산봉우리들이 병풍처럼 즐비하게 버티고 서 있는 게 아닌가. 팔부능선에 걸친 구름자락의 각양의 모양새를 바라보며, 파로호 상류에 도착할 즈음은 한낮이 되었다. 강가에는 미리 연락해둔 보트가 나타나 파로호의 푸른 물살을 헤집고 여행객들을 실어 오지의 비수구미 마을로 안내했다.

늙은 오동나무가 후줄근히 서있는 강가를 눈앞에 두고 있는 오래된 폐교가 우리를 반겼다. 몇 되지 않는 아이들이 교실창문을 열고 풍금도 치며 동요를 힘차게 불렀을 상상만이 머릿속에 그려진다. 멀리 강섶에서 사라진 아이들의 흥겨운 노랫소리가 호수의 바람결에 묻혀 가슴으로 밀려드는 듯했다.

강가를 끼고 시오리 길을 걷는 '옛길 트래킹'. 강가의 물결 그 고요한 수면의 호흡소리를 들으며, 고즈넉한 숲길을 걷는 기분은 감미로웠다. 강물 따라 키 큰 해바라기 숲과 전나무, 미루나무, 고로쇠나무 등이 오지의 길섶에서 묵힌 감성의 날개를 펴주는 듯했고, 가을 초입의 부드러운 햇살을 받으며 하루가 다르게 영글어 가는 오지의 들판에는 곡식들의 속이 여무는 소리가 들리는 듯했다.

길가엔 무성한 콩밭사이로 빨간 셔츠의 허수아비가 보이고, 훌쩍 커 하늘을 향해 기지개를 펴는 옥수수 밭, 인적이 끊긴 시오리길 가장자리엔 질경이와 이름 없는 풀들이 길을 무성히 덮고 있었다. 너른 풀 섶엔 하얀 개망초가 소금 빛으로 눈부시게 흔들리고 있었다. 그 풍광에 취해 한참을 걷다 보니 하늘과 맞닿는다는 비수구미 마을이 눈에 들어왔다. 마을 뒤로 산세가 험한 해산이 솟아있고, 발아래엔 끝없이 푸른 파로호가 펼쳐진 곳에는 새소리, 바람소리, 계곡을 흐르는 물소리뿐이었다.

한여름에도 계곡의 골바람과 호수를 휘돌아 돌아오는 강바람이 워낙 서늘해 민박집에서는 장작불을 때워준다고 한다. 서너 채 단촐 하게, 게딱지 마냥 붙어 오지의 쓸쓸한 모습이 드러난 마을 초입의 선창엔 모터보트만이 손님들을 기다리고 있었다.

하늘과 땅의 경계가 없어 밤하늘의 별들이 마을로 쏟아진다는 청정계곡 비수구미마을. 이곳에서 밤을 지새우면 밤하늘 별들의 화음을 들을 수가 있다. 각박한 도심의 삶속에서 언제부턴가 우리들은 별빛 속에 낭만을 읊조리던 시간을 잃어 버렸는지도 모른다. 반 고흐의 작품 '별이 빛나는 밤' 에서 묘사한 소용돌이치는 별빛을 이곳에서 혹 만나게 될지도 모를 일이다. 하늘과 맞닿은 땅에서 한참을 서서 오지의 황망함을 맛보았다.

돌아오는 길에 들른 웅장한 평화의 댐에서 분단된 땅에서 있을 법한 가슴 아픈 현장을 가슴언저리에 담아두었다. 평화의 댐 곁에는 '비목공원' 이 있다. 백암산 계곡 잡초가 우거진 곳에 이끼 낀 돌무덤을 하나 발견하고 조국을 위해 산화한 무명용사의 젊은 넋을 기리기 위해 만들어진 '비목공원'. 문득 가곡 '비목' 의 애절한 가사가 비수처럼 가슴깊이 애달프게 꽂혔다.

평소 우리가 가보지 못한 옛길, 그 오지를 찾아 나서는 기쁨이란 이루 말할 수 없다. 옛길을 걸으며 오지의 체험도 나누고 자연과 함께하는 그 기쁨을 오래토록 간직하고 싶었다. 가을 초입. 메밀꽃과 벌개미취 군락으로 서서히 꽃의 향연을 피울 때가 되었다. 가을향기를 묻혀 돌아오는 길은 더디게 왔다. 주말 밤이라 곳곳에서 정체된 도로를 끼고 돌아오는 버스 안에서는 그런대로 여행객들이 여유롭게 담소를 나누며 또 다음의 옛길 트래킹에 대하여 얘기를 나누고 시간가는 줄 몰랐다. 여행은 길 위에서 사람을 만나고 인연을 맺는다. 삶의 섭리대로 우리는 길을 떠나, 마음을 비우고 또 다음을 약속한다.

산사의 추억

오래전 늦은 봄이었나 보다. 간만에 도심을 벗어나 가족들을 데리고 교외로 빠져 나왔다. 포장이 되지 않은 도로를 한참이나 달려, 산사가 있는 깊은 계곡 속으로 차를 몰았다. 오랜만의 가족나들이가 마치 유년의 소풍가는 날처럼 설레었고 마음은 한결 가벼웠다. 초록의 빛깔로 무성해져가는 숲에서는 아카시아 향기가 코를 찔렀다. 산사가 가까워지면서 늦봄의 숲속 어디선가 들려오는 산 뻐꾸기 소리는 왜 그리도 처량하게 들리던지. 숲속으로 달리는 차안에서 아득히 내 나이 열아홉 시절의 이곳 산사 시절을 슬그머니 떠올려보았다.

그해 대웅전 낡은 문살 꽃무늬 색이 바래 처연하던 늦가을, 집을 떠나 깊은 숲속의 고찰古刹에 짐을 풀 때가 내 나이 채 스무 살이 되기 전이었다. 몇 가지 책들과 짐 보따리를 요사채에 풀어놓고 둘러 본, 절간의 풍광은 오래되어 단층이 헐벗은 대웅전과 을씨년스런 뒷산의 대숲, 산신각의 초라한 모습, 일주문도 없는 절의 초입에 보이는 산 계곡의 낙엽 진 풍광은 쓸쓸하기 짝이 없었다.

그날부터 외롭고 처절한 산사 생활이 시작되었다. 낮에는 절 소유 논의 벼 베기를 거들고, 밤에는 호롱불 아래 책갈피를 넘기며 공부에 전념했다. 가을이 깊어지면서 도량에는 황갈색 낙엽만이 어지럽게 뒹굴었고, 초겨울에 돌담 넝쿨 잎이 흙빛으로 바래어, 바람 한 점에도 소소히 몸을 떨던 깊은 산사의 고독을 절절이 억누르던 시절이었다.

걸망 메고 큰 절로 떠난 주지스님이 며칠 째 연락이 없던 날이었다. 빈 지게 하나 덜렁 메고 뒷산에 땔감 하러갔던 처사 박 노인은 점심 공양 허기진 때에, 장 꿩 한 마리 주워 급히 돌아왔다. 절에 들어온 후, 한동안 고기냄새를 못 맡아 몸이 근질근질하던 차였다. 승방 뒤 곁 부엌우물가에서 꿩 깃털을 뽑던 박 노인은 보살할머니를 꼬드기기 시작하였다. 요사채 방구석에 틀어박혀 책 나부랭이 뒤적이며 빈한한 지식의 골을 채우던 내가 가여워 보인다는 둥, 주지스님 없는 터라 오랜만에 몇 안 되는 식구들 포식 한번 해보자는 투로 할머니 엉덩이를 툭툭 치며 발동을 걸었다. 고기 냄새가 그리웠던 나는 두말 할 나위도 없었다. 아마도 보살할머니, 동자아이, 처사 박 노인도 침을 연신 꼴깍거리며 이 절호의 찬스를 놓치지 않으려는 표정이 역력했다.

그날 오후, 대웅전의 부처님이 안 보이는 요사채 뒤쪽 마루에서 점심공양으로 다들 약속이나 한 듯, 기름 푹 고여진 꿩고기를 눈 깜박할 사이에 해치우고 말았다. 요사채 담벼락 기와 골마루 위의 청설모 한 마리가 절간에 웬 꿩고기 냄새냐며 두 눈 부릅뜨고 째려보는 것 같기도 하였고, 법당의 부처님이 훌떡 일어나 죽비 들고 쫓아오는 기분이었다. 그날 오후 내내 절간엔 도량마다 포슬한 꿩고기 내음이 진득하게 배여 들었고, 산신각 옆 감나무에 망 달린 간짓대 흔들어 까치밥으로 남겨둔 감을 따던 동자아이는 언제 또 꿩고기 먹느냐며 보살할머니 허리춤 잡고 떼를 썼다.

오래된 법당 안의 헐어진 천정 지붕 사이로 밤하늘의 별이 보이던 고찰이었다. 난 그해 겨울에 장지 문살에 기대어 밤새 법당 앞, 도량의 댓잎 바람 스치는 소리와 낙엽 뒹구는 소리 귀에 담으며 얼마나 많은 새벽을 하얗게 뜬눈으로 지새우며 아침을 맞이했던가. 스며든 바람결에 여린 호롱불은 춤을 췄고, 그때마다 어른거리던 활자 때문에 제대로 책을 읽지 못했던 긴긴 겨울밤을 넘겼다. 이듬해 산사 깊은 계곡의 개울가에 버들가지가 하얀 솜털을 날리며 기지개를 켜고, 바람이 밀어낸 먼 길섶의 산수유가 노란 꽃망울을 터뜨리던 봄에야 산사를 떠나 집으로 돌아왔다.

청소년기의 진한 고독의 가슴앓이를 했던 고찰을, 많은 세월이 흐른 뒤에야 가족들을 데리고 추억이 깃든 산사를 돌아보게 된 것이다. 이윽히 산사에 도착하여 설레는 가슴안고 들어선 숲길은 짙은 솔향기로 가득했다. 그러나 그것도 한순간, 내 눈앞에 벌어진 광경에 게슴츠레 눈을 뜨고 놀라지 않을 수 없었다. 사찰로 들어선 곳곳에는 법당신축 공사가 어지럽게 진행되어 산사는 회색빛 콘크리트 속살을 드러내어 옛 향기는 온데간데없거니와 기억에 잔재했던 아기자기했던 사찰 돌담의 흔적도 사라져 썰렁하기 짝이 없었다. 내 두 손을 뻗어 부둥켜안아도 잡히지 않던 대웅전 법당안의 싸리나무 기둥은 어디에도 그 흔적을 찾아 볼 수 없었다.

장 꿩을 잡아 함께 슬쩍 먹던 그 박 노인이 머물던 요사채도 허물어졌고, 더구나 그때 정들었던 늙은 보살할머니는 아마도 이 세상에 이미 없을 것만 같았다. 대신 젊은 보살들이 대웅전을 들락거리며 무언가 분주히 실어 나르고, 법당엔 새로운 젊은 주지스님이 앉아 있었다. 내 추억의 산사는 사찰 공사로 인해 산산조각 되어 허공에 사라져 버렸고, 내가 머물던 옛 산사의 흔적은 어디에도 없었다. 다만 산사초입의 계곡 물가의 구석구석 널브러져있던 기이한 형상의 너럭바위들만이 파란 이끼만 머문 채, 옛 절경의 모습으로 남아 있을 뿐이었다.

나는 신축중인 대웅전에 향을 사르고 조심스레 돌아 나왔다. 아들의 손을 잡고 계곡으로 나오던 길에 그 당시에 즐겨 듣던, 산 뻐꾸기 울음소리가 내 추억의 한편을 일깨우듯 메아리 되어 내 가슴속으로 울려 퍼졌다. 옛 아름다운 고찰은 없어졌고, 내 기억의 언저리에 흑백의 잔영으로만 남게 되었다. 사람들은 요상스럽게도 자기가 간직한 추억의 장소는 옛 그대로의 모습으로 영원히 남아 있기를 바란다. 그 추억의 틀에서 벗어나지 못한 나에게는, 뒤돌아 본 고찰의 사라진 흔적에 씁쓰레할 수밖에 없었다.

아카시아 꽃이 하얗게 꽃비로 날리며 시야를 어지럽히던 차창 밖의 풍광을 주섬주섬 눈에 담으며 산사를 빠져나왔다. 나는 추억의 흔적만 그리며 못내 아쉬워하고 그 잔재를 안타까워했다. 집으로 돌아온 그 날, 내 깊은 밤의 꿈자리에 열아홉 나이의 감성어린 귓전에 익숙했던 대웅전 뒷산 대숲 흔들리던 소리가 아득히 들려왔고, 황량한 법당 도량의 늦가을 낙엽 스스렁거리던 모습이 희미하게 영상처럼 떠올랐다.

시장 소묘

시장에 가면 사람 사는 냄새가 난다. 나는 따분하고 심심한 날에는 가까운 시장 골목을 가끔씩 걷는다. 햇살이 곱게 펼쳐진 시장 골목길 따라 걷노라면 풋풋한 정감이 곳곳에서 묻어난다. 보이는 풍광들이 말 그대로 사람 사는 세상이다. 국민건어물집 낡은 간판아래 좌판에 펼쳐진 멸치, 다시마, 말린 명태, 오징어포, 푸른 김이 바닷물에서 갓 건져낸 것 마냥 소금기 젖어 비릿한 냄새로 물씬 내 몸 안으로 스며드는 것만 같다. 국방색 차양 막 아래, 모든 것이 싱싱하다 하여 간판이름마저도 이채로운 '싱싱 상회'의 진득한 젓갈, 열무김치, 갓김치, 등이 색색의 플라스틱 통에서 맛깔나게 버무러져 있다.

시장골목 모퉁이 '용궁떡' 방앗간 집에 폴폴 새어나오는 시루떡 구수한 냄새에 허기가 지고, 좌판에 펼친 망경떡 등

살에 반질한 기름칠이 햇살에 부셔 군침이 돌아간다. 비좁은 시장 골목을 걷다보면 군데군데 콘크리트 바닥을 헤집고, 하반신이 장애인이 엎드려 미는 바퀴달린 앰프에선 옛 시골 가는 완행버스의 해묵은 스피커에서 익히 들려올 듯한 유행이 지난 뽕짝 트로트 음악이 시장바닥을 쩡쩡거리며 흥을 돋우고 있다.

빛바랜 파라솔 아래 난전에선 얼추 칠순이 가까운 할머니의 빨간 고무 통 안에는 미꾸라지들이 넘치도록 쉴 틈 없이 폴짝거리고 있는 폼이 정겹기만 하다. 시장에 가면 사람 사는 냄새가 유별나다. 연주네 신발가게엔 신데렐라가 신던 유리 구두 빼고는 없는 게 없다. 그 곁의 '꼬끼오 닭 집' 에는 시골 대청마루 천정에 메주 걸리듯이 생닭들이 거꾸로 매달려, 사람들의 눈길을 모으고 기름이 펄펄 끓는 기계에서 튀겨지는 닭의 구수한 냄새가 시장 골목 헤집고 연신 퍼져나간다.

골목길을 걷다 새우젓냄새, 튀김냄새, 참기름 볶는 냄새, 순대냄새에 뒤범벅되어 옷깃 언저리에 스며든다. 시장 골목길의 낡은 목로에 앉아, 잘 부쳐진 파전 한 접시에 소주 한잔 놓고 헛헛한 기분 달래며 어릴 적 추억을 더듬어본다. 참빗 곱게 빗어 머리에 동백 기름칠하고 은비녀 쪽 찌른 할머니 따라 오일장 서던 시골장터에 가서 얼큰한 쇠고기 국밥 한 그릇 얻어먹던 까마득한 시절의 생각이 와락 난다. 오일장의 소란스러움은 둘째 치고, 장터 한쪽 모퉁이 우시장의 소 값을 흥정하는 노인들의 걸걸한 고함소리는 오히려 흥겹기만 하였다.

시장에 가면 내 가슴 언저리를 훑으며 궁싯궁싯 추억을 일깨워 난 참 행복하다. 할머니 손잡고 걷던 시장골목은 온갖 방물들이 여자들의 마음을 끌며 좌판 난전에 펼쳐져 있다. 마당 빈터에선 부침개의 구수한 냄새가 코를 벌렁거리게 하던 아련한 생각과 장터의 북새통 사이로 짐꾼들이 지게와 리어카에 짐을 가득 싣고 다니는 모습이 그렇게 절절히 정겨울 수가 없었다. 자랄수록 그 장터의 정겨운 모습은 늘 내 마음 속에 아름다운 풍경으로 남아 있었기에, 지금도 한가한 날은 가끔 시장골목을 휘둘러보는 습관이 생겼다.

아마 그런 영향 탓에 나는 어른이 되고 나서도 시장의 풍물에서 비껴 나올 줄을 몰랐다. 일부러 난전의 목로에 앉아 부침개에 소주 한잔을 청하며 사람구경, 물건구경, 그리고 진득한 고향냄새 느끼며 생각에 빠져 들 때가 종종 있다.

시장은 내 마음의 고향이다. 시장 골목골목 돌아 어느 하나 정겹지 않은 게 없다. 낡은 파라솔아래서 좌판에 은빛 갈치를 놓고 꾸벅거리는 할머니의 한낮의 졸음도, 리어카에 갖가지 싸구려 주방용 기구를 쌓아 놓고 파는 아저씨의 핏대 올린 목청도 싫지가 않다. 비릿한 내음이든, 구수한 맛이든, 그건 비교할 바가 아니다. 시장에 가면 그저 사람과 어울려 진득하게 퍼져오는 냄새들이 골목 휘감아 우리들의 마음속으로 잠겨들어 함께 어울려가는 세상이 있기 때문이다.

"죽기 전에 전국 오일장을 돌면서 그 느낌을 시로 한번 써 보는 게 소원이야." 며 어느 시인은 내게 말했다. 오일장이든 도심의 재래시장이든 그 곳에서 좌판을 놓고 하루 일용할 양식을 구하는 사람들의 체취를 담은 詩가, 그 시인의 말처럼 흥미로울 것이다. 아무튼 시장은 원초적인 정감의 터전임이 분명하다. 시간나면 언제든 나는 시장 골목을 천천히 거날며 만화경을 보는 시골아이처럼 모든 방물에 눈 휘둥그레 뜨고 그 좁은 시장골목을 철없는 아이처럼 걷고 또 걸을 것이다.

나의 '을숙도'

한때 동양최대 철새도래지였던 낙동강 하류의 을숙도. 다행히도 그 을숙도가 집 가까운 곳에 있어, 젊은 날의 청춘기에 설익은 사색을 즐기며 철없이 그 갯벌을 수도 없이 걸어다녔다. 당시 내가 본 을숙도의 황혼 무렵은 벌겋게 타오르는 듯한 갈대숲은 장관이었다. 끝없는 갯벌과 그곳에서 툭하면 동동주 한잔씩 걸치던 갈대숲으로 가는 길목의 아련한 너와 통나무집 주막은 내 마음의 고향이기도 하였다. 주막의 비닐 창으로 보이는 갈대숲과 철새들의 군무는 한편의 영화 장면과도 같았다. 수십 만 마리의 가창오리 떼가 하늘을 회오리바람 일으키듯 군무를 그리는 광경이야말로 눈앞에서 보지 않은 사람은 이루 말로 표현할 수 없으리만치 황홀하고 신비롭기까지 했다.

어디 그뿐이랴. 내 키의 곱절을 넘는 빼곡하게 자란 갈대

숲에서 차오르는 청둥오리와 흰뺨 검둥오리, 검은머리물떼새, 두루미, 노랑부리저어새 같은 수십만의 철새를 볼 수 있었다. 을숙도의 너른 습지와 진흙 갯벌에서 어지럽도록 재잘거리던 철새들의 울음소리는 지금도 귓전에 가득하다. 그런 을숙도를 떠나 서울에서 생활하는 동안 까마득히 잊고 살다가도 젊은 날의 비릿한 갯벌냄새 가득한 그곳을 다시 찾고픈 마음이 늘 가슴언저리에 꿈틀거리고 있었음은 두말할 나위도 없었다.

많은 세월이 흐른 어느 날 부산 출장길에 다행히 을숙도를 돌아 볼 기회가 있었다. 하지만 을숙도는 이미 오래전에 낙동강 하구둑 공사 때문에 을숙도의 절반가량인 갈대숲이 완전히 물에 잠겨버려 옛날의 광활한 모습은 찾을 수 없었고, 젊은 날의 추억에 비하면 황량하기 그지없었다.

을숙도를 철없이 쏘다니던 그 시절. 릴케의 시구를 밥 먹듯 외우고 다녔다. 늦가을부터 코끝이 찡하게 아리던 그 추운 겨울날에도, 나는 사진작업을 한답시고 그 무거운 카메라 가방을 둘러메고 갯벌을 쏘다녔다. 철새들의 비상하는 그림들과 햇빛에 반사되던 은빛 갯벌의 속살을 담으며 수도 없이 셔터를 눌러댔다. 지천으로 누런 세모고랭이 들풀이 끝없이 펼쳐져, 개펄 이랑마다 질펀하게 번지는 수초 내음. 낙동강 언저리에 허옇게 살점 드러낸 하류의 모래톱에 샛강이 열리고, 살점 하나라도 눈을 부라려 가며 식욕 돋우던 새의 날갯짓이 퍼덕이던 지난날의 하구 풍광이 아리도록 눈에 와 닿았다.

갯벌을 조금씩 삼키는 밀물을 바라보며 길섶 수로를 따라가면 비릿한 해초음이 짙게 배여 든다. 잔 무리를 이룬 물떼새들이 뻘구덩이 속살에 부리를 박아 허기진 하루의 배를 채우고, 물 억새 마른 몸으로 가을 이삭 마냥 진종일 흔들리던 날, 나룻배를 타고 둑 방을 지나 갈대 숲 사이의 온 샛강을 휘저으며 셔터를 눌러대던 젊은 날의 객기는 그래도 낭만이 있었다. 햇살에 은비늘처럼 일렁이던 하류의 너른 갯벌은 이제 내 기억에 낡은 흑백사진처럼 남아 그 모습을 지울 수가 없다.

을숙도의 갯벌은 생명을 길러내는 바다의 자궁이었다. 미물의 작은 생명들은 느릿느릿 갯벌을 파헤치며 오랫동안 그 곳을 지켜왔을 것이다. 강과 바다가 만나는 을숙도는 모든 것을 보듬어 키워내고 모든 것을 내어주는 모성을 닮았다. 자연을 진지하게 탐구하려는 이들에게 갯벌은 '진정한 삶의 의미'를 깨닫게 해주었다.

세월이 한참 지난 후, 모 대학의 조류박사와 함께 가까운 주남저수지의 철새를 탐조하러 간 적이 있었다. 탐조대의 망원경으로 멀리서 본 철새들의 광경은 옛 을숙도에서 보던 정감에 비하면 비교할 바가 못 되었다. 내가 느끼던 지난날의 을숙도는 다시는 회복할 수 없는 낙원이다. 너른 들판에는 철새이야기들이 남아 있고, 갯벌마다 햇살을 쪼아대던 물새들의 수없는 발자국마다 밀물들로 채워진 강에 재첩 잡이 통통배의 발동기 소리는 또 어찌 그리 정겨웠던지.

갈대 이엉 듬성듬성 엮어진 목로주점 불빛아래서 사랑의 세레나데를 목청껏 불러대던 을숙도 길목 낡은 여인숙 간판마저도 내게는 익숙하기만 했다. 연애하던 시절에는 늘 그 길목을 지나치며 서로가 얼굴을 붉히던 때도 있었다. 한 올 바람결에도 심한 엄살 부려 허리춤 꺾는 갈대숲에 몸뚱어리

하얀 큰기러기 긴 목을 빼어 서러운 강의 전설을 훑어 내리는 을숙도는 사랑의 열병처럼 내 서러운 추억이 묻어 있는 곳이다.

오랜 세월 뒤의 내가 본 을숙도는, 황량한 하구 둑에서의 비릿한 갯벌 묻은 바람만이 코끝을 스칠 뿐, 무심한 햇살은 능청스럽도록 맑았다. 적막한 을숙도의 갯벌을 추스르는 건, 억새풀 들밭 강가 물이랑 말뚝에 물총새 한 마리가 날아와 을숙도의 서러운 추억 하나를 물어가고 있었다.

김 철
kimc_55@hotmail.com

귀가 순해진다는, 순리대로 따른다는 이순. 나도, 그리고 당신도, 그걸 한번 준비해보는 게 좋겠다. 다시 돌아가느니 새로이 준비하는 게 낫겠다. 이제껏 어떠한 나이도 제대로 준비하여 맞은 적이 없었으니. 지학과 이립의 문턱조차 못 가보고, 불혹도 천명도 몰랐었지만, 이제 곧 귀가 순해질 수 있다면, 그래서 성인의 말씀처럼, 생각하는 모든 것이 원만하여 무슨 일이든 들으면 곧 이해가 되고, 남의 말을 순순히 받아들일 수만 있다면, 굳이 한 번 더 살아볼 일도 없겠다.

나 이

비가 부슬부슬 내리는 저녁, 창밖을 한참 내다보고 있노라면 젊었던 시절엔 귀담아 듣지 않았던 삼류 유행가 구절이 뒤늦게 가슴에 와 닿는다.

'지나간 세월과 함께 꿈은 모두 사라져버렸네.'

무심코 한숨을 내쉬며 무상無常을 음미하게 될 때 비로소 우리는 조금쯤 살아 봤음을 자각하게 되는 것인데, 불행히도 그 순간 곁에 남아있는 것이라고는 아무 것도 없고, 뚜렷이 우리에게 남아 있는 것은 오로지 하나, 불식간에 먹어 온 나이뿐이다. 낯설지 않은 창밖의 풍경에서 갑자기 자신의 나이가 보이기 시작했다면, 나이에 대해 한번쯤 돌아볼만한 나이인 셈이겠다.

'아이구, 예쁘기두 해라. 이 애기는 몇 살이나 됐죠?'

'이제 방금 돌이 지났답니다.'

이렇게 우리가 무사히 나이를 먹기 시작할 수 있었던 것은 아이러니하게도 작은 체구와 저항할 힘조차 없는 우리의 '무능함' 덕분이었다. '예쁘다'고 표현하는 것 모두가 우리보다 작다. 자신보다 작고, 약하고, 저항 능력이 없는 것 앞에서만 가끔씩 선善해지고 은혜를 베풀 줄 아는 어른들의 인색함이 우리를 살려냈다. 우리가 거꾸로 할아버지로 태어나서 아기로 죽어야 하는 운명이었다면 지금쯤 지구상에 인구가 남아 있었겠는지 의문이다. 그래서 우리는 이따금씩 보채면서 자신의 취약함을 부단히 주위에 주지周知시키다가, 은총이 베풀어지게 되면 금세 발가락을 빨아 보이며 재롱을 부리기도 하고 그러다 느른해지면 무방비 상태로 입을 벌리고 곤히 낮잠을 잤다. 때가 이르러 자그마한 앞니 두 개가 갓 나오기 시작하면 침을 흘려가며 그에 잘 어울리는 함박웃음을 지어보이거나 때론 뒤뚱뒤뚱 걸음마를 해보이기도 했는데 그럴 때면 어른들은 모두 얼이 빠져버렸다. 우리는 그 사이, 은밀히 그리고 부지런히, 나이를 먹어갔다. 능력 있는 어른들은 무능한 우리들을 '눈에 넣어도 아프지 않은 나이'라고 했다. 할 수만 있었다면, 그 때 자라는 것을 그만 두고 나이 먹기를 포기하는 편이 더 나았을 런지도 모르겠다. 대접을 받으며 예쁘기만 한 인생을 살아볼 것을 나이를 더 먹는 바람에 금세 '미운 일곱 살'이 되고 말았으니까.

눈에 넣어도 아프지 않다던 어른들은 갑자기 태도를 돌변하여 일제히 우리를 '웬수'라고 부르기 시작했다. 두뇌성장에 의한 지각의 발달, 이것은 출생 이후 최초의 비극인 셈이다. '지혜를 더 하는 자는 고통을 더 하나니...' 성경을 썼던 옛 선지자들도 지각의 발달은 대가를 치러야할 은전恩典임을 일찍이 경고해둔 바 있다. 먼지 날리는 신작로新作路에서, 때로는 목숨을 담보로 하며 우리는 해지는 줄도 모르고 미운 짓만 골라가며 했었다.

사람이 사람답기 시작해야할, 그래서 가당치 않은 '원수'라는 오명을 떳떳이 벗어야 할 나이는 언제일까? 공자孔子는 그것을 열다섯 살로 못 박았다. 생각思보다 배움學을 중시했던 공자孔子는 '소년 십오세 지학少年 十五歲 志學'이라 하여 열다섯의 나이엔 마땅히 배움에 뜻을 세워야 한다고 가르쳤다. 미운 짓은 한 8년 정도로 그치고 이제 정신을 차려야 할 나이라는 말씀이다. 열다섯의 나이에 우리는 무엇을 했었을까? 사람마다 다르겠으나 내 경우엔 사춘기라는 지각발달 과정을 한 번 더 겪으며 이번엔 굳게 방문을 걸어 잠그곤, 변화하는 심신心身에 지대한 관심을 쏟았었다. 공부에만 전념했던 몇 안 되는 친구들도 기실 지학志學보다는 진학進學에 더 관심이 많았던 것으로 기억된다. 군자君子가 되는 일은 우리 모두에게 그렇게 어려웠던 것이다. 어른들이 모두 우리를 '이마에 피도 안 마른 나이'라고 불렀어도 우리는 섭섭해 할 여지가 없었다.

그러나 돌이켜보면 솔직히 이마에 피딱지를 붙이고 다녔던 그 때가 가장 재미있었다. 고뇌는 길지 않았으며, 말리는 것이라면 무엇이든 해보고 싶었다. 내일은 없고 오로지 오늘만 있었던 나이였다. 여자아이는 영양실조로 갈비뼈만 남은 가슴에도 천 조각을 대어 넣고, 남자아이는 당시 유행하던 양복 사이로 젓가락 같은 목을 내밀고는 어른이 빨리 되어

보려고 안달을 냈다. 시간은 아주 더디게 흘러갔다. 오늘이 너무 길었던 까닭에 때로는 영원히 젊을 것으로 착각하기도 했다. 그래도 해가 가면서 여유 있는 집 아이는 고등학교를 나와 대학엘 들어갔고, 가난한 집 아이는 배가 너무 고파 군대를 가거나 시집을 갔다. 하지만 나이는 매 년 공평하게 한 살씩 먹었다. 남자아이들이 약관弱冠이 되고 여자아이들이 방년芳年이 되었을 때, 어른들은 우리를 '꽃다운 나이'라며 부러워했다. 우리는 까닭을 알지 못했다. 꽃이 꽃을 부러워했을 리 없었겠고, 우리는 스스로가 꽃인 줄조차 몰랐다.

공자는 서른의 나이를 '이립而立'이라 하여, 그 간의 배움을 바탕으로 이제 인생관을 확립하고 홀로 설 수 있어야한다고 했지만, 불행히도 우리의 기억은 그렇질 못하다. 경제적으로도 살림을 장만할 능력을 못 갖춰 시집장가를 미루며 쩔쩔 맸는가하면, 설사 결혼을 했더라도 부모님을 찾아가 손을 내밀기 일쑤였다. 부모님들은 말씀 끝에 '이제는 알만한 나이' 아니냐며 마무리 짓곤 했다.

생자필멸生者必滅이니 회자정리會者定離니 하는 것처럼 꽃이 시드는 것도 하나의 섭리攝理이겠는데, 섭리는 매정하게 이별을 수반한다. 꽃다운 나이와의 이별은 분명 슬픈 일이지만 서른의 나이는 대부분 그 슬픔을 느끼기엔 좀 이르다. 새로운 만남이 아직 많았기 때문이다. 동정童貞과 순수純粹, 어린 시절의 친구를 잃었더라도, 정치가에의 포부나 과학자, 문학도에의 꿈을 접었다 해도, 아직 추구할 바, 만나볼 것들, 내가 몸담을 수 있는 곳들이 현실이라는 이름 속에 산재했었다. 면사포의 색깔만큼 순수하지는 못해도 결혼은 했고, 옛

꿈은 아니었지만 생계를 위한 직업을 찾았고, 젊은 시절의 유희, 새로운 친구들, 그리고 낯선 사람들을 부지런히 만났다. 가슴 설레는 이성과의 때늦은 데이트, 누런 색깔의 월급봉투, 그리고 부정不正으로 물러났던 상사上司의 뒷모습, 우리의 분신分身이었던 분만실에서의 첫 아기, 이 모든 경이로웠던 것들과 만났던 것이 바로 이 무렵이다.

경이로움 속에서 우리 모두가 서른의 나이를 만났던 것은 아니다. 어떤 친구들은 사회와 현실을 우리와 함께 만나고도, 부조리와 불의不義까지를 만나보았던 까닭에, 거리에서, 차가운 지하실에서, 서른을 채워보지도 못하고 목숨을 잃었다. 불운아들은 화禍를 입었고, 약골들은 병석에서, 천재들은 갑갑함 속에서, 견디다 못해 그만 요절夭折해버리는 일도 있었다. 그 때마다 어른들은, 산 사람은 살아야하는 것이노라고 했다. 염치없이 사는데 참 위로가 되는 말이었다. 살아남은 우리들은, 교육을 받았다기보다는 교육에 물들어, 질서와 규범을 따르는 순둥이가 되어서는 일터에서 윗사람을 따르며 오로지 일에만 몰두했다. 그러면서 서른이 훌쩍 지나가버렸다. 인생이 빨리 흘러가는 것을 처음으로 실감하던 나이였다.

불혹不惑의 나이가 됐을 때 나는 처음으로 도수度數가 있는 안경을 썼다. 세상일에 미혹迷惑함이 없고, 사물의 이치에도 의문 나는 점이 없어야 한다는 나이에, 나는 신문의 글자가 잘 안보였다. 사실, 사십이 가까워오면서 정말 내가 불혹의 나이가 되면 모든 사리가 분명해질 수 있을까 궁금했던 적이 있었다. 사십이 넘고야 생각이 미친 것인데, 공자가 달아놓은 나이에 따른 별칭은 사람들이 배움에 게으르지 않도록, 쉽게 말해 후학後學들로 하여금 애를 좀 먹도록 해볼 요량으로 농弄 삼아 붙인 것이 아닌가 하는 의심을 품게 됐었다. 지학志學으로부터 불혹不惑까지, 매듭마다 착실히 잘 이루어 왔노라 하는 이를 만나본 바가 없었으므로.

사십四十은 '모반謀叛하는 나이'이다. 공자 말씀에 대해 처음으로 불경不敬스러웠던 나의 태도부터가 그러했고, 제3공화국의 주역이었던 사십 이세의 군인이 그러했고, 민주화 투쟁을 위해 사십대 기수론旗手論을 부르짖으며 앞장섰던 이가 그러했으며, 불륜을 실행에 옮기는 사십대의 선남선녀善男善女가 또한 그러하다. 하필 사십에 왜 우리는 모반을 감행할까? 아마도 살아봤기 때문이며 배운 대로 열심히 일해 왔기 때문이며 그러다 억울함이 쌓여왔기 때문이겠지만 무엇보다도 때를 놓치고 싶지 않았기 때문일 것이다. 살아온 인생 중 가장 바빴던 시절, 우리는 간간이 젊음이 가고 있음을 것을 눈치 차리고 있었다. 증권회사 시황판 앞에서 점심시간이 지나도록 떠날 줄 몰랐던 사내들, 주택청약을 위해 줄지어 섰던 아줌마들, 젊음마저 가려하는 이때에 남은 때를 놓쳐서는 결코 안 되는 일이었기에, 이제까지 외우며 배워온 '정직하게 살기'에 대한 모반謀叛은 우리 모두에게 식은 죽 먹기였다. 나는 그 때 점잖게 넥타이를 매고 커다란 책상이나 회의실에서 혹은 해외에서 격조 있는 업무를 수행하고 있었지만 모반은 그곳에서도 넘쳐났고 권장마저 되고 있었다. 내가 좀 더 긴 젊은 시절을 영위할라치면 잘 나가던 상사上司가 어느 틈엔가 물러나버렸고, 그것을 본 부하직원이 나를 앞질러 승진해 본을 받았다. 모두가 너무 열심히 일했고, 너무 억울했으며, 때를 놓치지 않으려 수고를 다하다가 젊음이 가버리는 것을 서로 지켜보았다.

검진을 위해 한 종합병원을 찾은 적이 있었다. 순번을 기다리면서 유난히 어여쁜 간호사들 중 한 아가씨의 풍만한 가슴에 그만 한 눈을 팔고 있었는데, 그 젊고 예쁜 간호사가 내게 다가와 상냥하게 말했다.

'아버님, 이제 들어오세요.'

눈 밑의 주름살은 감출 길 없건만 아직도 젊은 여성의 가슴에 눈길이 가고, 몸 이곳저곳에서는 고장故障의 신호가 나타나기 시작했지만 화장품 냄새 짙은 아가씨로부터 '오빠'라고 불리어질 때면 가녀린 불씨를 살려내 보기라도 할 듯 아직도 끈끈한 미소로 답하는 변태적인 나이, 잡히지 않을 줄 알면서 그래도 붙들어 보고, 오빠에서 아저씨로, 아저씨에서 아버님으로 바뀔 때까지, 과거에 사로잡혀 현실을 직시直視하지 못하는 나이, 이 오십五十의 나이에 공자께서 붙인 별칭은 지천명知天命이다. 알아야할 하늘의 뜻이란 필시, 나이를 먹으면 늙는 줄 알라는 말씀이겠고, 오십에 들어서면 이제 젊음에 대한 미련을 버리고, 지팡이와 틀니, 그리고 손녀와 함께 나눠 쓸 기저귀를 준비해두라는 뜻임이 틀림없겠다.

그런데 그것이 어디 그런가? 아홉 살 적 헤어졌던 초등학교 계집아이는 얼굴이 더 변하기 전에 한번 꼭 만나 봐야할 것이며 십대 때 쓰다 만 소설은 먼지를 털어내고 그 끝을 맺어 줘야할 것 아니냐? 미국의 IT고참들을 놀라게 했던 그 자랑스러웠던 프로그램의 특허출원을 미루어온 지 십 몇 해이고, 항상 당신 자리가 있으니 언제고 돌아오라던 옛 상사는 한번 꼭 찾아봐야하지 않겠는가? 외람되게 지팡이만은 짚지 않고 말이다.

'아버님, 이제 그만 가셔도 됩니다.'

나는 더 있고 싶고, 의사에게 못 다한 말이 많고, 아직 의사는 내 말을 다 이해하지 못한 것 같은데, 이제 그만 가라고 한다. 인생을 처음부터 다시 시작해야할까? 그럼 그때는 가능해질까? 못 다한 것이 없고, 시작과 끝이 모두 분명하며, 준비 없이 시작하는 일이란 없게 되는 것이.

공자孔子는 칠십의 나이를 종심從心이라 칭하고는 더 이상의 나이에 별칭을 붙이지 않았다.

짐작이 가는 일이다. 종심從心. 70세가 되어, 뜻대로 행하여도 도道에 어긋나지 않는다 함이지만, 도道가 길인 바에야 칠십에 남은 길이 무엇이며 그 길이 어디를 향하는 길이겠는가?

그 길로 들어서기 전, 아직 맛보지 못한 나이가 하나 더 남아 있다. 이순耳順, 이순이다. 귀가 순해진다는 이순耳順, 일을 함에 있어 사리에 잘 통하고, 순리대로 따른다는 이순. 그래, 나는, 그리고 당신도, 그걸 한번 준비해보는 게 좋겠다. 다시 돌아가느니 새로이 준비하는 게 낫겠다. 이제껏 어떠한 나이도 제대로 준비하여 맞은 적이 없었으니. 열정과 이상, 사랑과 우정, 명예와 건강이 사라졌더라도, 지학志學과 이립而立의 문턱조차 못 가보고, 불혹不惑도 천명天命도 몰랐었지만, 이제 곧 귀가 순해질 수 있다면, 그래서 성인聖人의 말씀처럼, 생각하는 모든 것이 원만하여 무슨 일이든 들으면 곧 이해가 되고, 또 남의 말을 순순히 받아들일 수만 있다면, 꼭 그렇게만 된다면, 굳이 한 번 더 살아볼 일도 없겠다.

줄기세포유감

어제 서울대학교 조사위원회는 지난 수 주 간 대한민국발 최고의 핫뉴스로 국내는 물론 해외의 매스컴들을 장식해온 이른바 황 우석 박사의 줄기세포 진위여부에 대한 중간조사 결과를 발표했다. 발표내용을 쉽게 요약하자면, 황 우석 교수의 줄기세포는 가짜라는 것이다. 국제적인 과학 잡지, 사이언스Science에 게재했던 논문도 조작됐던 것이며, 그 조작은 실수가 아닌 고의였고, 황 교수 스스로도 그 '인위적 오류誤謬'를 인정해, 이미 게재된 논문의 철회를 요청했다고 한다.

상당한 전문지식과 다소의 영어실력도 갖추어야 겨우 이해에 근접할 수 있을 법한, 이름도 생소하고 긴 '환자 맞춤형 체세포 복제 배아 줄기세포'의 진위여부에 대해, 마땅한 지식을 충분히 갖추지도 못한 국민들이 너나없이 달려들어

열광하고 분노하고 허탈해온 까닭은, 이 사건이 '진실' 을 핵심 주제로 삼고 있기 때문이다. 뭇 여성들로 하여금 눈물을 짜내게 만들고, 수많은 남성들의 가슴을 섬뜩하게 만든다는 저 유명한 '진실'. 바로 그 진실을 위해 10급이 채 안 되는 정치 이해도를 가지고, 산전수전을 다 겪은 정치 프로9단들을 벗기기도 하고 덮어주기도 했던, 목숨을 다 바쳐 헐 뜯는가하면 끼니를 거르면서까지 열렬한 지지를 다 해온 열정적인 우리 국민들은, 이번의 황 교수 사건을 통해서도 '제각기 간절히 원했던 방향으로의 진실' 을 위해 뜨거운 열정을 유감없이 보여줬다. 물론 그것은 어디까지나 국민들 마음대로다. 그 와중에 황 교수는, 덮어줄 줄도 알고 역경 속에서도 앞뒤를 가리지 않고 지지의 깃발을 흔들어주는 반쪽의 국민들을 기대했던 듯하다. 사람 사귀기를 게을리 하지 않았다는 생명공학 분야의 한 석좌교수가 정치와 과학을 동시에 모두 추구했던 것이 아닌가 싶다.

그는 초췌한 모습으로 기자들 앞에 서서, 국민들께 사과드리며 또 서울 대학교의 교수직을 물러나겠다는 뜻을 밝혔다. 불행히도 대학 측은 사과를 받아내는 것으로 일을 끝낼 생각이 없는 모양이다. 황 교수의 사표를 수리하지 않을 것이며, 진실을 규명하기 위한 조사는 계속될 것이라 밝혔다. 과연 진실을 사랑하는 나라의 명문대학다운 모습이 아닐 수 없다.

왜 이 지경까지 오게 됐을까? 스스로 막다른 골목에 갇혀버린 처지가 된 그, 이 국가적인 진실 게임에서 그에게 잘못이 있었다면, 그 잘못은 어디서 시작되었던 것일까? 혹자는 과학자적 자질이 없는 사람이 과학을 시작했던 데서 비롯된 일이라고 말한다. 그러나 그것은 조금 곤란하다. 우리 생활인들 모두가 정말 자질이 있어서 현재의 직업을 택했었던가? 먹고 사는 일에 자질을 세세히 따지기로 한다면 아마 수도 서울의 지하철 통로를 자질이 떨어지는 노숙자 수용을 위해 간이숙소로 정부가 지정해야할 것이다.

또 어떤 이들은 그와 그리고 더 나아가 우리사회의 과욕이 오늘의 화를 불렀다고 진단하기도 한다. 나는 반대다. 도대체가 욕심이란 것은 인간 생명의 기본 모티브다. 욕심 안 내는 사회, 욕심 없는 기업, 욕심을 모르는 가정주부, 이건 상상이 불가능하다. 과욕? 어디까지가 과욕인가? 일단 개인적, 사회적 욕구를 인정하고 나면 지나침에 대한 정의가 모호해진다. 2006년 월드컵 대회에서 우리나라 대표 팀이 우승을 하여 FIFA컵을 안고 돌아오는 것을 바라는 것은 과욕에 해당하는 것인가?

그가 더 이상의 사이길이 없어 보이는 오늘의 참담한 지경에까지 도달하게 된 것은, 한마디로 말하자면 그가 행한 '진실로부터의 도피' 에 기인했던 것으로 나는 진단한다.

2005년 12월 현재, 대한민국에서 잘못을 저질러 본 사람이 어디 그 한 사람뿐이겠는가? 학교에 내야할 납부금을 부모님으로부터 받아내서는 밝지 못한 용도로 사용해봤던 사람이, 지하철 정산기기에 엎드려 출입하고도 삼십 배의 벌금을 물지도 않았던 사람이, 남의 글귀를 슬쩍 표절해서는 마치 자신의 아이디어인 양 활자화까지 해보았던 사람이, 우리 중에 하나도 없었을까? 잘못을 가끔씩 저지르며, 저지른 잘못을 대충 묻어도 가면서 사는 게 우리 인생사다. 문제는 그 잘못을 누군가 추적해 왔을 때, 그리하여 그 잘못이 제기되고 이제 그것을 벗기어 논의하지 않으면 안 되게 되었을 때, 그에 반응하는 우리의 태도다. 드러난 스스로의 잘못 - 대부분 뼈아픈 진실이지만 - 그것을 일찌감치 인정하면서 스스로 그 논의에 종지부를 찍었더라면, 적어도 용기라는 덕목은 실천했을 일이다. 한 방송사의 기자들이 그의 조작 혐의를 제기했을 때, 그는 한 동안 항의를 하다가 마지막엔 어떤 이유에서인지 병원을 택했다.

내가 철들기 시작했던 1960년대 이래, 부정 혐의를 받던 상당한 지식수준의 기업인, 정치인, 경제사범들이 구속을 피하거나 조기사면을 위해, 사회적 반감을 누그러뜨리고 집단의 망각을 기다리기 위해, 혹은 인간적 동정심을 유발시키기 위해, 자주 애용되어 왔던 이 병원이라는 훌륭한 피난처에, 이제 부정 혐의를 받는 한 과학자가 뚜렷한 병명도 없이 병상에 누워 턱수염을 기르고 있는 모습을 보았을 때 진실과 용기를 다시 한 번 생각하게 되면서 입원의 그릇됨을 힐난해 마지않았다. 그러나 퇴원 직후 바꿔치기라고 하는 새로운 주장을 펼치면서 또 다시 피조사자의 신분으로 이리저리 불려 다니는 그의 모습을 보고 생각이 바뀌고 말았다. 입원이 잘못된 것이 아니라 아무래도 퇴원에 문제가 있었던 것이라고 말이다. 환자 맞춤형 체세포 복제 배아 줄기세포를 연구하면서, 그는 쥐에게 이식된 후에 형성될 테라토마 기형종畸形腫를 그토록 보고 싶어 했던 것 같다. 줄기세포에 대해서 지식이 전무한 소시민들도 잘 구경했던 그것을.

김필례
kpl815@hanmail.net

운림산방의 안채와 사랑채 지붕의 불그스레한 빛깔은 땅에 있는 모든 물상들을 상징하듯 하다. 긴 여름 날 한 폭의 그림과 마주앉아 마음속으로 여름을 느껴보니 더위도 잠시 비껴간다. 올 여름은 유난히 더워서 재해로 분류돼야 한다는 목소리가 높다. 더위를 타는 체질이지만 어떻게 내 편할 데로 이 세상을 살아가길 바랄 수 있겠는가. 자연에 순응하며 살라고 그림이 말해준다. 여름이 있으면 겨울이 있듯 어느 사이 가을바람과 마주 할 수 있으리라.

두발頭髮을 말하다

고등학생인 둘째 아들 녀석이 학교에서 두발단속이 있다며 이발소에 간다고 했다. 깎은 지 얼마 되지 않았는데 벌써 깎을 때가 되었느냐고 물었더니 며칠 전 두발 단속하는 날 선생님한테 혼났다고 투덜댄다. 이삼십년 전이나 지금이나 학생들의 두발에 대한 스트레스는 여전하나보다. 우리가 학교 다닐 때는 남학생은 까까머리에 여학생은 단발머리가 대부분 이었다. 그때도 남학생은 머리카락이 몇cm까지만 허용되었고, 여학생의 귀밑 머리카락은 몇cm 이어야만 되는 것이 불문율이었다. 일률적인 머리모양이 단정하고 공부가 집중된다는 것이 큰 이유였다. 순수한 어린학생이므로 어른이 그것도 선생님께서 정하였던 규율은 지상의 명령처럼 받아들였던 시절 이였다. 그 시절 학생에게는 자신의 두발을 내 마음대로 자유롭게 하는 것은 애초부터 있을 수 없었다. 두

발에 대해서는 위의 명령에 따르는 것처럼 어릴 적의 고정관념이 지금까지 내 머리 한구석에 자리 잡고 있다

신체 중에서 가장 중요하게 여기는 부분이 머리이다. 그래서 인류탄생이래 머리만큼 중하게 생각한 것이 없었던 것이다. 신체의 다른 부위는 다쳐도 곧 아물며 재생이 가능하지만 머리만큼은 세포가 재생이 안 된다. 특히 그 머리를 보호하는 머리카락을 중히 여겨 부모한테 물러 받은 머리카락을 자르지 않고 그대로 기르기도 했다. 우리 조상들은 어릴 때는 남녀 구분 없이 머리를 길게 길어 세 갈래로 나누어 땋아 내려서 댕기로 묶은 댕기머리가 있었으며, 어른이 되면 남자는 두발을 위로 묶는 상투머리를 하였다. 각 민족의 특성에 따라 두발의 모양도 각각이었다. 지금도 그러한 특징을 머리 모양으로 나타내고 있기도 한다.

두발 단속에 속 끓이며 스트레스를 받느니 현재의 머리모양에 앞머리와 뒷목머리 부분은 얼마만큼 귀밑머리는 얼마만큼 자르고 온다던 둘째는 해가 지도록 집에 들어오지 않았다. 무슨 일인가 싶어 전화를 했더니 창피해서 저녁쯤에나 들어오겠다는 것이다.

집에 들어온 둘째 녀석은 완전 딴사람이 되어 들어왔다. 머리카락을 벗었다는 표현이 맞을 만큼 시원하게 훤한 스님머리가 되어서 들어왔다. 본인보다 내가 더 놀랬다. 어찌되었냐고 물으니 조금조금 하다 보니 머리모양이 엉망이 되어 아주 다 밀었다고 했다. 그러면서 머리를 감싸 쥐며 쥐구멍이라도 들어가고 싶다며 심지어 죽고 싶다는 표현까지 쓰는 것이다. 나는 아들에게 털모자 쓴 것처럼 덥수룩한 머리보다는 지금이 훨씬 얼굴이 돋보인다고 진심어린 위로를 해보

았지만 아들은 막무가내로 내일 학교를 어떻게 가야 될지 걱정이 태산이었다. 할 수없이 학교 등교는 대중교통이 아닌 자가용 등교가 되었다. 그날 학교 친구들은 아들의 머리를 보고 하나같이 놀라며 너 누구냐! 아는 체 하지 말라며 의도적으로 피하더란 얘기까지 했다. 그도 그럴 것이, 요즈음 유행하는 모 탤런트나 영화배우 가수들의 머리모양이나 옷 입는 것을 보고 멋있어 보여 자신도 똑같이 멋스러워 보이고 싶어 그 모양새를 따라 하려고 야단인데, 그럼에도 불구하고 있던 머리카락을 다 깎았으니 놀라는 것도 당연지사였다.

두발은 그 사람 이미지의 70%를 좌우한다고 해도 과언이 아니다. 여고시절 단발머리에서 양 갈래 땋은 머리로 바뀌기까지 많은 찬반 논란이 있었고, 머리를 기르고 싶은 여학생들의 순수한 바람이 왜 그렇게 어렵게 이루어졌는지 지금 생각하면 참 어이없는 일이었던 것 같다. 지금의 여학생의 단발머리는 손꼽을 정도이고 거의 긴 머리를 치렁치렁 느려 뜨려 다니면 사회인인지 청소년인지 분간하기가 어렵다. 남학생들 또한 까까머리는 찾을 수가 없고 그 머리는 특수계층이나 스님에게서 볼 수 있게 되었다.

그 사이 많이 변한 청소년들의 두발이지만 여전히 청소년들의 두발은 자율적이지 못하고 있는 것이 또한 현실이다. 두발 자유화를 외치는 청소년이나 그것을 규제하는 학교 측이나 타당한 이유가 있겠지만 가장 피해를 보는 것은 학생 측이다. 자율적으로 자연스레 머리를 길러서 모양을 내는 아이가 있다면, 머리를 기르는 것이 귀찮거나, 짧아서 어울리면 짧게 하게 되어 있는 것이다. 교복이 최소한에 학생을 말해주는 것이지 머리가 학생을 말해준다 것은 억지 논란은 아닐까.

누구나 한번쯤은 두발 때문에 화가 나거나 울어 본적이 있으리라 생각된다. 나 또한 두어 번 울어본 적이 있었다. 한 번은 어릴 적 고운 머릿결에 동백기름을 발라 쪽을 지어, 비녀를 꽂은 어머니의 머리 모습이 하루아침에 파마머리로 바뀌었을 때 어머니가 아니라며 떼를 쓰고 울었던 기억이 있었다. 어린 마음으로 파마머리보다는 쪽진 머리가 무척 좋아 보여서였다. 서양 문물이 들어오고 가발이 공업화 되면서 조선여인의 쪽 진 머리는 파마머리에 밀려 순식간에 잘려나가는 아픈 역사가 되었다.

어머니도 수 십 년간 함께 한 분신 같은 머리카락을 자를 때 얼마나 가슴이 아팠을까를 이제야 곱씹어본다. 그 뒤로 어머니의 쪽 진 머리는 내 유년의 기억 저 편에서만 단아한 자태로 다행히 남아있다. 또 한 번은 여고졸업과 동시에 학생티를 벗겠다고 두 갈래로 길게 땋았던 두발을 짧게 자르고 집에 와서 괜히 후회가 되어 허전한 머리를 만지며 얼마나 울었는지 모른다.

그러나 뭐니 뭐니 해도 두발에 대한 역사적인 인물은 최익현이 아닐까 싶다. 일본의 단발령에 항거하며 끝내 상투를 자르지 않고 대마도로 귀향을 가게 되고 거기서 생을 마감하였지 않았는가. 머리카락을 자르려거든 내 목을 자르라고 대항한 저항심에 정작 우리 국민보다도 대마도의 국민들이 더 그를 높이 칭송하며 유적 비까지 세워주고 있다고 한다. 역사의 아이러니에 앞서 잘라도 또 자라는 소소하다면 소소한 머리카락에 온 힘으로 부딪쳤던 그의 나라지킴의 소신에 감탄하지 않을 수 없다.

새치가 아닌 머리카락이 희끗희끗 희어지는 이 나이에 나는 머리카락을 기르고 있다. 어떤 이는 그 나이에 어떻게 감당 하려고 하냐며 혀를 차고, 어떤 이는 나이 들어 빈티를 꼭 내야 되겠냐며 빈정댄다. 두발을 기르기 전에는 한 달에 한 번 최대한 두 달에 한번은 미장원에 가서 이미지 관리를 위해 미용사에게 내 머리카락을 맡겼다. 두발을 맡기고 어떤 머리모양으로 해야만 내 모습이 잘 보일까하는 고민을 무던히도 했다. 이젠 그런 쓸데없는 고민을 하지 않아 좋다. 동여맬 때까지 자를까 말까 하는 망설임이 수도 없이 많았다. 그 기간이 지나자 매일 뜨거운 전기 바람으로 내 모발을 괴롭히지 않아도 되고, 그냥 손가락으로 쓱쓱 쓸어 올려 손질해서 더운 여름날 한 묶음으로 동여매니 시원하게 보낼 수 있어 좋았다.

이 나이에 긴 머리를 한 것이 타인의 시선에 아주 신경 쓰이지 않는 것은 아니지만 내 머리카락을 내 자율적으로 길러보지 않으면 더 나이 들면 더 어렵다는 생각으로 길러질 때까지 자유롭게 길러보고 싶다.

그리하여 옛 여인의 아니 어머니의 곱게 빗어 쪽진 두발을 재현하고 싶은 소망을 가져본다.

여름의 하루는 길다

남화南畵의 대표 작가 남농南農 허건許健 선생의 하일장夏日張 이라고 제목을 붙인 수묵화水墨畵 앞에서 여름을 읽는다. 남쪽으로부터 하얀 바람이 희끄무레하게 점점이 찍혀 있는 섬들 사이사이로 불어온다.

바람의 색채는 무채색으로 표현하고, 그 바람의 온기로 일궈 놓은 바다의 해무와 뒤섞어 회백색으로 여름 색깔을 칠한다. 스르륵 스르륵 물결이 다가오면 일렁일렁 섬들이 움직인다.

이쪽 섬에서 저쪽 섬으로 손에 손을 잡고 한 여름을 만끽하며 노래하고 어깨춤을 춘다. 해무는 육지에서 운무로 변하여 운림산방雲林山房의 여름은 하루하루 깊어간다.

섬과 바다와 육지의 조화 속에서는 여러 색채는 필요 없다. 짙고 옅은 감도와 선생의 섬세한 붓놀림이 하나의 세상이 되고, 계절이 되고, 자연이 된다.

남농 선생은 그렇게 여름을 온전히 지키고 그려 나갔을 것이다. 더위를 피한다고 피해 갈 수 있는 노릇인가. 피할 수 없다면 즐기라고 했던 선인들은 그림에서 혹은 글속에서 전하고 있다.

운림산방에 어우러진 녹음과 여름의 전경을 남농 선생은 놓치지 않고 긴 여름의 하루를 그려낸다. 해무와 운무의 아름다운 조화는 더운 기온 속에 눅눅한 습기를 품고 있지만 선생은 하얀 바다와 하얀 하늘의 여백을 마음에 두고 있는 듯하다. 해무는 바다에 맞추고 운무는 운림산방의 초록의 산과 나무들을 멀게 혹은 가깝게 한다.

먼 산은 옅은 회백색 봉우리로 가까운 산은 회청색으로 금방이라도 시원함을 느끼게 한다. 크고 작은 나무 사이사이로 쓰르라미 소리가 들려올 듯 울창하게 검푸른 색깔로 원근을 나타냈다.

운림산방의 안채와 작은 사랑채 지붕의 불그스레한 빛깔은 땅에 있는 모든 물상들을 상징하듯 하다. 긴 여름 한 폭의 그림과 마주앉아 마음속으로 여름을 느껴보니 더위도 잊혀감을 느낀다. "덥다 덥다" 되 뇌이면 더 더워지고, 시원한 여름도 다 마음먹기에 달려 있는 것은 아닐까. 올 여름은 유난히 더워서 이제는 더위도 재해로 분류돼야 한다는 목소리가 높다. 더위와 추위를 더 타는 체질이다 보니 더위가 무서울 지경이지만 어떻게 내 편할 데로 이 세상을 살아가길 바랄 수 있겠는가. 자연에 순응하며 살라고 선생은 그림으로 나에게 말해준다.

여름이 있으면 겨울이 있듯 이 또한 잠시 견디다 보면 어느 사이 가을바람과 마주 할 수 있으리라. 더운 여름이 위대한 것은 많은 과일들이 단맛의 영양을 함축케 하고 곡식들이 잘 여물게 함이기 때문이다. 그래서 긴 여름의 하루를 고마워하고 기쁘게 받아 들여야 될 일이다.

푸르른 날에

세상이 온통 푸르다. 논에는 어느 사이 벼 포기가 가지런히 심겨져 있다. 아직은 논물이 희끗희끗 보이고 초봄에 새싹이 돋듯 보드라운 연두색이다. 벼이삭은 하루하루가 다르게 자라서 초록물결을 이루며 머지않아 인공의 초원을 만들어 갈 것이다.

아침부터 찌푸린 날씨는 금방 비가 쏟아질듯 하더니 오후에는 세찬 빗줄기가 허공을 가른다. 봄비 같지 않은 비다. 예전의 봄비는 새색시 발자국 소리처럼 조용히 보슬보슬 내렸다. 봄비는 경쾌하게 박자를 맞추듯이 거의 직선으로 내렸었다. 흙을 간질이는 듯한, 혹은 스킨이나 로션을 펴 바르듯이 온 대지를 촉촉이 적셔주었다.

이때쯤이면 한창 바쁜 농촌에서는 개구리 합창소리가 들판에 울려 퍼진다. 지금은 그 소리가 듣기 어려워졌지만 들는 이에 따라 노래로 들리거나 전원의 정취마냥 정겹게 들리기도 할 것이다. 그러나 농번기의 분주한 농부에게는 밤에만 울어 젖히는 그 소리가 일상을 더 고단하게 만들기도 한다.

산에서는 텃새와 철새들이 어우러져 자신만의 목소리로 존재를 알려온다. 때문에 먼 곳에서도 어떤 새가 있는지 소리만으로도 알 수가 있었다. 이름도 목소리도 고운 꾀꼬리, 보리밭의 폴짝폴짝 종다리, 온 산을 메아리치는 뻐꾸기, 구구대는 산비둘기 등등이 있었다. 또한 북부지방의 철새인 머리 깃털이 뿔처럼 생긴 후투티, 어느 처마 밑에 집을 짓고 동네사람들과 어울려 사는 어디에서나 볼 수 있는 제비하며, 조금은 시끄러운 소리의 텃새인 참새까지 오월의 봄은 그렇게 싱그럽고 소란스럽게 깊어갔다. 이제는 몇몇 새들의 노래만이 간간이 들려 올 뿐, 그 많은 들새와 산새들은 어디로 갔을까.

날이 어두워지자 바람까지 합세하여 세찬 비바람으로 바뀌었다. 봄비 치고는 무서운 기세다. 마당에 있는 나무들이 걱정이 된다. 아직 덜 자란 나무와 잎새가 세찬 비바람을 어찌 견디어낼까, 또한 이제 막 열매를 맺고 있는 솜털 같은 여린 열매는 괜찮을까. 비바람에 시달려 잎새와 열매들이 나무에서 끝내 떨어 질 것만 같은 생각이 더해진다. 힘들어하는 나무들에게 미안한 생각이 들어 밤이 깊도록 잠을 청 할 수가 없다.

작년 여름 보령에 사시는 연로한 교수님댁을 방문한 적이 있었다. 서남부에 내려진 호우에 돌풍까지 겹쳐 앞마당에 주먹 만 한 감이 떨어지고 커다란 이파리가 수북이 쌓여 있는 것을 보았다. 나는 단지 감이 떨어진 것만 아깝다고 생각했었다. 그런데 교수님은 감이 너무 많이 열려 감나무가 힘들어 할까봐 바람이 일부러 흔들어 감을 떨어뜨렸다며 허허 웃으셨던 게 생각난다. 인생에 어떤 경계를 넘으셨던 분이 보는 관점과 범인인 내가 보는 눈은 그리도 많은 차이가 있음을 되새겨본다. 나도 언제쯤에나 그런 마음에 눈을 가질 수 있을까.

간밤의 세찬 비바람은 물러가고 날이 밝아왔다. 잘 견디어낸 마당의 나무들이 아침햇살을 반기고 있다. 오랜만에 보는 활짝 갠 하늘의 아침 햇살이 눈부시다. 아스라이 보였던 북한산이 마치 카메라렌즈로 당겨온 듯 손에 잡힐 것처럼 가까이 다가온다. 나무들은 이파리를 펼쳐 햇살을 흡입하며, 햇빛은 나뭇잎에 햇살비늘을 수놓는다.

어젯밤 세찬 비바람이 있었기에 오늘 더욱 맑고 푸르른 아침을 맞이할 수 있었나 보다. 예전의 봄에 살짝 내리는 세우細雨나 자작거리는 비와는 비교가 안 되지만 이 모진 공해를 견디려면 잔잔한 비보다는 공해를 몽땅 날려버리는 강도 높은 비가 필요한 건 아닐는지. 자연이 주는 메시지를 애써 깊이 이해해 보려는 해맑게 푸르른 날이다.

김희숙
khssilvia@hanmail.net

마음이란 저울에 균형 감각이 깨지면, 마치 한 장의 연꽃 위에서 물방울이 바람 한 자락에 떨구어 버리듯 무참하게 돌아선다. 우리 인생의 지표에서도 일기예보를 예고하듯이, 위기에 처할 때, 오늘은 '사랑주의보' 내일은 '오해주의보'같은 감정 주의보를 미리 발령해주는 곳이 있다면 좋을 듯싶다. 그러면 어디선가 복병처럼 나타나 시시때때로 우리를 아프게 하는 오해나 슬픔 앞에서도 평심을 잃지 않고 의연히 대처할 수도 있을지 모르겠다.

비단무덤

무명 한 필을 고운 색깔이 나오도록 삶는다. 최근에 배우기 시작한 천연염색의 학습과정이다. 두루마리 화장지처럼 돌돌 말린 명주 천과 무명천을 적당한 크기로 자르고, 세제를 넣고 삶는 과정을 정련精練이라고 한다.

순백의 무명을 말리고, 하얗게 된 그것들을 방바닥에 펴 놓고 손질하노라면 내 의식의 흐름은 자연스럽게 옛 시간 속으로 돌아가곤 한다. 시간 여행의 길목에 보이는 것들은 대개 이런 것들이다. 가깝게는 기저귀를 삶느라 육아문제로 고단했었을 한 때의 시간들로부터 멀리로는 밤 늦도록 배 틀에 앉아 명주나 삼베를 짜던 할머니의 실루엣이 스친다. 그 옛날, 길쌈은 할머니의 생계 수단이며 고된 나날의 노동이었다. 남편을 일찍 여의고 인내의 고통을 숙명으로 받아들이고 길쌈으로 애써 잊었을 것이다. 명주 한 필을 짤 때마다 곱디

고운 할머니의 청춘도 함께 흘러갔을 것이다. 그래서인지 명주에서는 다른 천연 섬유에선 만질 수 없는 선연鮮然이 만져진다.

오래 전, 어떤 책에서 누에고치를 '비단 무덤' 이라고 적은 걸 보았다. 그 시어詩語 같은 표현이 예사롭지 않은 오래 내 기억에 남아 있다. 누에가 벗은 명주의 실타래, 그 걸 옛 사람들은 '하늘이 내린 실' 이라 했다. 누에를 '천충天蟲' 이라 불렀기에 그러 했으리라. 그 실로 만든 옷감인 명주 수의가 한때는 자손이 망자에게 주는 최고의 선물이었다고 한다.

나는 유난히 어릴 때 천 조각을 갖고 재미있게 놀았던 것 같다. 보 본단, 호 박단, 쑥 고사, 뉴똥, 빌로드, 벨벳 등. 식구들의 옷감으로 사용하고 남은 천들의 쓰임새에도 우선순위가 있었다. 조금 넓은 것은 할아버지의 회중시계 집을 만들었고, 그 나머지 천으로는 상보나 조각보를 만들었다. 그리고 아주 보잘 것 없는 천들이 모아 지면 겨우 내 차지가 되었다. 그걸 무슨 보물이나 얻은 듯 몇 장의 도화지 속에 하트 모양의 구멍을 내고, 그 밑에 조각난 천을 붙여 재구성 해놓으면 제법 그럴 듯해졌다.

얼마 전, 내가 뜬금없이 천연염색 강의를 신청 하고나서 스스로에게 물었다. 왜 이걸 배우려 하는 지를. 나 자신도 잘 모르고 있다는 생각이 들었기 때문이다. 물론, 평소 염색이라면 취미 이상의 관심을 가져 본 적이 많았던 게 사실이다. 그렇다고 해도 만만치 않은 수업료와 강의실 까지 가려면 두 시간 남짓이 소요되는 수고를 마다하지 않고 염색을 배우겠다는 내 의지의 원천은 과연 무엇이었을까. 단지 더 늦기 전에 하고 싶은 일을 해 보고 싶었을 뿐, 이라 되뇌었을 때, 그

것으로 명쾌한 명분이 되어 주기에는 아무래도 뭔가가 부족한 느낌이 들었다.

나는 유달리 예스러운 것을 좋아 하는 편이었는데, 그것은 단지 내 취향의 문제라고 여기고 지내왔다. 그러다가 염색 공부를 하던 어느 날, 그게 아닐 수도 있다는 걸 문득 깨달았다. 할머니와 보낸 시간이 많아서 내 안에 이미 노인의 정서가 들어 앉아 있기에 그때 보았던 물건이나 소리와 공간에 예민하게 반응 하지 않았을까 하는 생각이 들었다. 염색 작업에 몰두하다 그 자체보다는 염색 속에 깃들어 있는 이야기들을 더 좋아 하는 나를 발견 하고 놀랐다. 모시에 관한 이야기도 예외가 아니었다. 그 섬유의 성질 보다 모시가 되기까지의 이야기에 빠지는가 하면 염색보다 그 천에 얽힌 역사나 사람마다 다른 자기언어로 색감을 얘기 할 때, 내 눈은 더 빛나고 마음의 지평이 훨씬 많이 열렸다.

일 주일에 한번 옷감을 가져 갈 때면 마치 무슨 의식이나 치르듯 정성스레 명주를 보자기에 싼다. 귀한 명주 천을 비닐봉지에 넣거나 쇼핑백에 넣어 가는 건 어쩐지 그 옷감에 대한 예의가 아니라는 생각이 들기 때문이다. 그건 일종의 나만의 고집이라면 고집이고, 소신이라면 소신 일 게다. 남들이 들으면 웃을 수도 있겠으나, '비단 무덤' 에서 나온 실로 짠 옷감을 나는 함부로 다룰 수가 없는 것이다. 한 올 한 올 씨줄과 날줄에 깃든 할머니의 애환을 조금이나마 직접 느끼며 자랐기에 그만한 수고쯤은 아무 것도 아니라고, 그렇게 내 무의식이 나에게 말을 걸어온다.

우산에 대한 단상

버스를 기다리고 있는데 갑자기 장대비가 쏟아진다. 우산을 안 갖고 외출했던 나는 비닐우산을 사기 위해 도로변 가판 점으로 뛰어 들어갔다. '투명 우산' 이란 글씨가 적힌 종이박스에 꽂힌 우산 하나를 들었다. 얼마냐고 물었더니 가판점 주인은 3천 5백 원이라 한다. 내가 생각 했던 대나무살에 파란 비닐우산이 아니었다. 플라스틱 살에 흰 바탕색 위에 검은 물방울무늬가 찍힌 예쁜 투명 우산이었다. 문득, 옛날 생각이 나기에 "대나무 우산은 없냐"고 물었더니 상점 주인은 "요즘 세상에 그런 걸 찾느냐" 고 별 사람 다 보겠다는 눈빛으로 나를 쳐다보았다.

바람만 불면 뒤집히고 살이 부러지던 코발트색 비닐우산이 우리 곁에 사라진지 벌써 오래 전이다. 소득증가 속에 사람들이 가격이 비싸더라도 세련된 디자인에 견고한 우산을 찾으면서 슬그머니 우리의 기억 속에서 잊혀져 갔다.

비오는 날, 우산이 변변치 않을 때, 집을 나서며 식구들이 하나 둘 우산을 챙겨 들고 나가면 언제나 한 귀퉁이엔 비닐 우산만 덩그마니 놓여 있었다. 언젠가 밖에서 집으로 돌아오다 갑자기 만난 비 때문에 사 들고 왔지만 정작 비가 그치고 나면 이내 천덕꾸러기가 되었다.

맑은 날엔 까맣게 잊고 지내다 다시금 비가 오는 날에 꺼내어 본다. 함부로 구겨 넣어 둔 탓에 귀퉁이가 찢어지고 우산살이 부러져 온전치 못하다. 이 우산을 쓸 바엔 차라리 비를 고스란히 맞는 게 나을 것 같은 심정이 들 정도이다. 우산이라는 게 비를 피할 목적으로 사용 하는 물건인데, 더는 비를 피 할 수 없게 되면 할 수 없이 버려야 한다.

비닐우산은 그렇다 치더라도 내게도 그렇게 하여 내다 버린 우산들이 얼마나 많았던가. 집으로 오는 사이, 장대비는 멎었다. 들고 온 우산을 통에 넣다가 그 속을 유심히 들여다본다. 우산은 제법 많은데 멀쩡한 우산이 드물다. 손잡이가 없거나 살 하나가 부러진 우산들. 못 쓰게 된 이유도 제 각각이다. 어쩌면 아깝기보다 버리기가 귀찮아서 그냥 통 속에 담아 두기만 한 셈이다.

망가진 우산을 고쳐 쓰고 싶어도 마땅히 고쳐 주는 곳이 없다. 그 만큼 우산 고치는 곳이 드물다는 것이리라. 지금도 그런지는 모르겠다. 내가 골목길이 있는 주택에 살던 때는 헌 우산을 고쳐 쓰는 일이 그리 어렵지 않은 일이었다. 골목길에 우산 고치는 아저씨가 자주 나타났다. 허름한 점퍼를 입고 그에 걸 맞는 모자를 쓰고 익숙한 손놀림의 아저씨를 신기하게 봐라 보았던 기억이 있다.

우산 통을 뒤지다 안 쓰는 우산을 골라냈다. 내친 김에 저 우산들을 버릴까. 요즘은 버리는 것도 고민이 되는 세상이다. 때론 귀찮기도 하고 굳이 부러진 우산을 고쳐 쓰는 일 보다, 새로 하나를 사서 쓰는 게 경제적이란 생각 까지 든다. 그 보다 싸고 좋은 우산이 지천인 세상인데 거기에다 급기야는 왠지 헌 우산을 고쳐 쓴다는 것이 구질구질 하다는 생각에 이른다. 그러나 가만히 생각해보면 부서진 손잡이 하나, 우산살 하나만 갈아 끼우면 될 걸, 그냥 멀쩡한 우산을 버려야겠다고 다짐 해놓고 잠깐, 서늘한 느낌이 들었다. 어떻게 하지. 내가 우산이 아닌 다른 것도 그렇게 생각 하고 사는 것이라면. 집안 구석 어딘가에 던져진 우산 한 개쯤 누구나 가지고 있을 것이다. 분명 그것 들은 언젠가 비바람 불던 나의 어떤 날, 잊을 수 없을 만큼 고마웠던 소용의 도구들이었을 것이다.

맑은 날엔 우리는 가끔 잊고 산다. 때론 절실한 순간에 나를 돌봐주던 비 오는 날의 우산 같은 사람들을. 살짝 다친 감정선 하나만 회복하면 예전처럼 지낼 수도 있는데, 그런 것조차 번거로워 방치해 두고 자꾸만 녹슨 우산살을 방치하듯이 버리지도 못하고 고치지도 못하고 사람 사이에도 그렇게 하고 사는 건 아닌지.

그래서 미안해요

오늘은 친정아버지의 기일이다. 그리고 보니 벌써 아버지가 돌아가신 지가 열 두해가 지났다. 아버지를 여의고 몇 해까지는 기일이 다가오면 괜한 눈물이 나오기도 하고 친정에 갈 때마다 아버지의 부재가 참 서럽기도 했다. 이젠 눈물도 안 나오고 사무치게 슬프지도 않은 걸 보면 세월이 나를 그렇게 무디게 만든 것 같아 씁쓸한 생각이 들었다.

그러다가 새삼 어제 만난 친구의 말이 생각나 가슴이 뭉클했다. 우리는 점심을 함께 먹고 찻집으로 자리를 옮겼다. 찻집으로 온 후부터 뭔지는 몰라도 친구는 어딘지 모르게 불안해보였다. 나는 그때까지만 해도 이제까지 느긋하던 그의 행동이 좀 다급해짐을 느꼈을 뿐, 이유를 정확하게 몰랐다. 그가 휴대폰 꺼내고 누군가와 나눈 대화

내용을 듣고서야 그가 왜 그랬는지 비로소 이해가 되었다. 아침부터 혼자 집을 보고 있는 여섯 살, 늦둥이가 내내 마음에 걸렸던 모양이다. 그는 '엄마가 너를 너무 오랜 시간 혼자 있게 해서 미안하다' 고 했다. '혼자 있게 해서 미안해' 하는 그의 목소리에 실린 마음이 어찌나 따습고 어질게 나에게 전해지던지 눈물이 핑 돌 것 같아 겨우 참았다.

그 친구 식으로 말하자면 나는 멀리 있는 또는 가까운 이들에게 왜 미안함을 표현하지 못하고 살았을까. 영영 다시 볼 수 없는 곳으로 떠난 사람에겐 그 회한이 더욱 더하다. 그래서 미안하고. 그래서 고마웠다고, 그래서 사랑한다고 말 할 것들을 왜 아껴 두었을까. 순전히 나를 울린 친구 때문만은 아니지만 아버지를 위해 오늘만이라도 뜻 깊은 일을 하고 싶었다. 그러다가 생각한 것이 연미사였다. 연미사란 성당에서 영세를 받고 돌아가신 분들에게 드리는 미사의식이다. 참으로 죄 많은 이 영혼이 오랜만에 성당을 갔다. 아버지의 영혼이 있다면 이 미사를 기쁘게 받아 달라는 간구를 하며.

집으로 돌아와 옷장 서랍 깊은 곳에 있는 초록 저고리와 다홍치마를 꺼내어 입어 보았다. 아버지 생각이 나서였다. 나프탈렌 냄새를 털어낸 초록 바탕에 자주색 옷고름이 달린 반회장저고리, 그리고 다홍치마. 옛날, 친정집 아랫목 그 어디엔가 앉아계시며 제게 했던 아버지의 말씀이 지금도 귓전에 들리는 듯하다. '너 한테 미안하다.' 하시던 때가.

아마 그게 결혼 전날이었던 것 같다. 결혼 때 입을 조카의 한복만은 내 손으로 짓겠다고 벼르시더니, 고모님은 기어이 초록 저고리와 다홍치마를 고운 보자기에 싸 들고 오셨다. 왜 그랬는지 모르지만 나는 내가 결혼을 한다는 사실이 무척 쑥스러웠다. 특별히 가족들에겐 더 했다. 그래서였는지 고모님이 가지고 온 한복을 펼쳐보기 싫어 눈에 띄지 않게 책상 밑으로 슬그머니 밀어 놓았다.

나의 그런 반응에 고모가 서운해 할까봐 그랬는지 아버지는 나에게 식구들 앞에서 그 한복을 입어보라 채근 하셨다. 몇 번이나 싫다고 했으나 내가 고집을 계속 피우다간 어른들이 화를 낼 것 같아 하는 수 없이 옷을 입었다. 평소 아버지답지 않게 '어디 한번 뼁 돌아봐라' '옆으로 서 봐라' 하는 주문을 했다. 거기까지는 견딜만한 일이었다. 내일이면 시집보낼 딸에게 갖는 아버지의 각별함 맘으로 이해하면 그만이었으니까. 그리곤 침울한 얼굴로 '너 한테 미안하다. 막상 널 남의 집에 보내려 하니 아버지가 네게 못 해준 거만 생각나는 구나…….'

나는 왜 그때 바보처럼 아버지께 괜찮다는 말을 하지 못했을까. 그러나 요즈음 가만히 생각해보면 다른 형제보다 내가 아버지에게 받은 사랑이 참 많았음을 새삼 느낀다. 유일하게 다른 형제 중 유일하게 나의 결혼식만 참석하신 그 일 하나만으로도 충분했다. 이제와 돌이켜 생각해보면 예전에 아버지가 제게 말했던 것처럼 저도 못 해드린 기억만 남아서 그래서 미안해요.

추락주의보

공사장 근처를 지나는 길이었다. 발파작업 하는 주변을 빨리 벗어나려 샛길을 찾았다. 좁은 길목으로 들어서자마자 거기에 예고도 없이 '추락주의' 라는 팻말이 세워져 있다. 그것을 보는 순간, 갑자기 마음이 철렁 내려앉았다. 땅 밑으로 파헤쳐진 깊은 구덩이를 들여다 볼 때의 아찔함과는 또 다른 느낌이었다. 그 문구는 어쩌면 어디선가 늘 봐 온 문구였을 것이다. 가령, 바위가 있는 절벽 산모퉁이에서 만났던지, 아니면 지하철 공사 현장에서 사람들에게 조심하며 지나가라는 경고문이었을 뿐인데. 하지만 오늘은 지금까지 보아왔던 것과는 전혀 다른 느낌으로 다가왔다.

공사장에 붙여있는 경고문구가 특별하게 마음에 닿았다는 것은 뭘 의미할까. 예전과 달리 눈이 아닌 마음으로 보았다면 그것은 이즈음 내게도 '추락주의' 라는 문구가 절실하게 필요했기 때문이리라. 내 속 마음에 그럴 일이 없으면 결코 그런 경고가 떨림처럼 들어오지도 않았을 것이다. 왜냐하면 '추락주의' 라는 글귀는 어디서든 늘 보아왔던 것이고, 오늘 이전에 다른 곳에서도 익히 보아 왔을 것이었으므로.

가끔 높은 곳에서 추락하는 꿈을 꿀 때가 있다. 발을 헛디뎌 천 길 낭떠러지에 착지하는 순간은 꿈에서도 아찔하고 기분 나쁘다. 허공을 곤두박질하다 너무 무서운 나머지 나도 모르게 튀어 나오는 단발마 같은 비명은 잠꼬대로 이어지고, 그 소리에 놀라 반사적으로 다리를 움츠렸다가 잠을 깨곤 하였다. 추락한다는 것은 어떤 물체가 어느 한 순간, 무게 중심이 한쪽으로 무너져 돌이킬 수 없는 지점으로 나가떨어지는 현상이다. 한 번 추락한 물체는 어지간해서 원상회복이 안 된다는 점은 추락의 공포 못지않다

어릴 때, 평균대에 올라가면 체육 선생님은 항상 두 팔을 양쪽으로 벌리라고 하셨다. 몸무게의 수평을 잡으려는 동작인 팔 벌리기 자세이다. 철둑길이 있어서 친구와 나란히 누가 더 오래 걸어가는 내기를 할 때도 그랬다. 누가 시켜서 아는 것도 아니었는데, 약속이나 한 것처럼 우리들은 한 손에 책가방이나 신발주머니를 들고 있었다. 아무리 안간힘을 쓰며 양팔로 균형을 잡았지만, 몇 발짝 가지 못해 철길에서 미끄러져 내려오곤 하였다.

우리는 그때 이미 배웠는지 모른다. 그건 다른 말로하면 무슨 일이나 균형 감각을 유지하기가 그 만큼 어렵다는 것을. 사람이 사람을 좋아 하는 일도 이와 같을 때가 있다. 항상 좋은 감정으로 곧잘 지내는 가 싶다가도 어쩌다가 마음이란 저울에 균형 감각이 깨지면, 무참하게 돌아서는 경우가

있다. 마치도 한 장의 연꽃 위에서 표면장력을 잘 견디고 있는 물방울이 언제 그랬느냐며 바람 한 자락에 말끔히 떨구어 버리듯이.

균형감각 하면 또 하나 떠오르는 것 중에 우리 민속놀이인 줄타기가 있다. 언젠가 민속촌에서 그걸 바라보며 '재주도 좋지. 저걸 어떻게 걸어가나?' 생각 하곤 하였다. 그 아무나 할 수 없는 줄타기를 지금 우리는 매일처럼 하고 사는 것 같다. 철길, 평균대도 아닌 그 보다 더 힘겨운 인생의 줄타기를 하고 있다. 하지만 살아가는 일은 평균대 폭 보다 아니면 좁은 철로보다 더 좁은지 모른다. 그래서 어느 한 순간 1초와도 같은 찰나를 놓치면 돌이킬 수 없는 지점으로 넘어질 수도 있다. 오늘 같이 공사장 앞에서 생각이 머물게 하고, 눈길이 머무는 날은 '추락주의' 표지판을 무심히 지나쳐선 안 될 일이다. 자칫 잘못하면 천 길 낭떠러지로 추락 할지도 모르니까.

기상 캐스터가 날마다 일기예보를 예고하듯이, 가끔은 위기에 처할 때, 우리의 인생의 지표에도 그 때마다 오늘은 '사랑주의보' 내일은 '오해주의보' 같은 감정 주의보를 미리 발령 해주는 곳이 있다면 좋을 듯싶다. 그러면 어디선가 복병처럼 나타나 시시때때로 우리를 아프게 하는 오해나 슬픔 앞에서도 평심을 잃지 않고 의연히 대처 할 수도 있을지 모르겠다.

장가계의 숲과 동굴

오늘은 여행 사흘째, 중국에서도 경치가 좋기로 유명하다는 장가계를 가는 중이다. 중국 최초의 삼림공원인 장가계로 들어가는 산기슭엔 움집과도 같은 곳에서 소수민족의 하나인 토가족들이 서글프리만큼 소박한 둥지를 틀고 살고 있다. 가재도구 모두를 분해하면 리어카 하나에 다 들어가고도 남을 장난감 같은 살림살이 들이다. 가까이에서 그들의 남루한 모습을 물끄러미 보고 있자니, 21세기 관광객이 19세기의 유목민 마을로 타임머신을 타고 들어 온 착각에 빠지게 했다.

중국의 장가계張家界는 기암절벽과 호수와 협곡으로 유명한 관광지이다. 이곳은 옛날부터 호수가 많아서 호남성湖南이라 한다. '가도 가도 왕십리' 란 말처럼 끝도 없이 펼쳐지는 끝없는 기암절벽을 신의 경지를 빌려 봉우리의 비경을 겨우 묘사 할 수 있을까? 나로서는 그저 와아, 어머나, 하는 감탄사 몇 개를 구사 할 뿐, 다른 말이 떠오르지 않는다. 오로지 대자연의 위용 앞에 만물의 영장이라는 인간이 참으로 보잘 것 없는 존재 같아 그저 겸손해질 뿐이다.

장가계안에 있는 호수의 수심이 119.2m라 하니, 가히 얼마나 깊은 협곡인지 상상이 간다. 그 깊이를 가늠 하다보면 아스라해지면서 현기증이 나려 한다. 원래는 중국 정부에서 처음엔 이 호수를 수력 발전소로 설계했다가 관광자원으로 용도를 변경했다고 들었다. 그 유래야 어찌 되었건 간에 한나절 동안, 시퍼런 호수의 물색에 진저리가 처지고 발밑이 간지러울 뿐, 즐거워야 할 유람선을 타는 일이 고통스럽기만 했다. 호수를 휘돌아 나와 장가계에서 가까이에 있는 유명한 '황룡동굴' 로 가기 위해 다시 '가야콘' 이란 버스를 타고 이동했다. 에어컨 시설이 되어 있지 않은 중국버스를 가리켜 이곳에서는 그렇게 부른다는 것이다. 버스가 가야(주행) 바람이 불어 시원하다하여 붙여진 이름이다.

동굴로 가는 길은 더위 때문에 지루하고 힘겨웠다. 매표소 입구를 지나고, 갑자기 서늘한 기운이 감돌고, 터널처럼 좁은 통로를 몇 개 지나는 것 까지는 여느 동굴과 다를 바가 없다. 그러나 안쪽으로 들어 갈수록 크고 작은 광장이 굽이마다 석순과 종유석이 스크린처럼 펼쳐진다. 이상하게 생긴 석순 하나를 가리키며 외계인을 닮았다는 가이드의 설명 때문인지, 갑자기 그곳이 외계인들이 살고 있는 공상과학영화의 기지국 같다고 느껴졌다. 어두운 곳에서 간간히 들려오는 사람소리의 공명과 붉은 백열등이 비치는 음영 짙은 동굴 내부가 내 눈엔 꼭 그렇게만 보였다.

동굴이 어찌나 넓고 크던지 어느 지점에서는 물길이 깊어 보트를 타고 가야 건널 수 있는 곳도 있다. 석순이 1cm 자라는데 걸리는 시간은 5만년이라 한다. 높이가 8m나 솟아 오른 석순 앞에서 내가 할 수 있는 거라곤 그저 멍하니 입을 벌리고 탄성을 지르는 일, 그것밖엔 없는 듯했다. 그러므로 이곳에선 누구도 세월에 대해 함부로 말 할 수 없으리라. 마음에 그릴 수 있는 모습이란 모습이 다 있는 곳이 황룡동굴이라 한다더니, 역시 그랬다. 인간의 조각 솜씨를 조롱이라도 하듯 빚어 놓은 수천 개의 석순과 종유석의 스케일에 압도하는 바람에 정작 내가 느끼고 싶었던 아름다움은 뒷전으로 밀려났다. 그런 와중에도 때때로 쓸쓸한 생각이 소슬한 바람처럼 밀려들었다.

아름다운 것만 간직한 자연의 본성에도 어떤 정체모를 슬픔이 있게 마련이다. 그래서 사람으로서 도저히 가늠할 수 없는 엄청난 억겁의 시간이 만들어낸 자연 앞에서 한정된 시간을 살고 있는 인간이란 한낱 무엇이고, 문명이란 또 뭐란 말인가? 하는 생각을 하게 된다. 이곳에 와서 누구라도 그런 생각이 한번 쯤 들었다면, 인간이 신의 영역에 입성하는 것을 허락해 달라는 기원이라도 바치고 이 동굴을 들어왔어야 하지 않았을까 싶다.

동굴 밖으로 나오자, 천 원짜리 토산품을 파는 상점 앞에는 여전히 많은 사람들로 북적거렸다. 간혹 한국에서 온 관광객을 의식한 듯 '박카스 있습니다' '경주 최 씨네 집' 이라 한글로 표기해 놓은 친절이 어떻게든 물건 하나라도 더 팔려는 중국인들의 상술 같아서 그리 달갑지만은 않았다.

동굴에서 버스 타려는 곳 까지는 걸어서 15분, 그 거리의

박 문 재
munjae52@goyang.go.kr

문득 밭뙡을 보며 추운 바람과 눈 덮인 대지를 뚫고 올라 온 풀 한 포기에서 느끼는 자연의 신비가 그저 반갑기만 하다. 이달 하순이면 개화가 다시 시작 된다고 한다. 다음 주 정도면 내가 걷는 아침 출근길에 노란 개나리가 만발할 것이다. 내일은 퇴근 후 겨우내내 수도자처럼 입고 다니던 검은 바바리코트라도 밝은 색으로 갈아입게 오랜만에 백화점에 가보아야겠다. 그리고 등산화라도 여유가 되면 덤으로 사게 될지도 모르겠다.

행렬 처음부터 끝까지 나를 지치게 한 건 한 낮의 더위보다 그들의 끈질긴 호객행위였다. 가는 곳 마다 단 돈 천원에 목숨 걸고 집요하게 따라 붙는 저들도 어쩌면 알고 있겠지.

동굴의 석순 1mm가 자라기도 전에 우리 생生은 끝나 버리고 마는 것을.

산 길

십년 넘게 살고 있는 아파트 단지를 지나, 오늘도 앞산을 넘는다. 처음엔 보도블록을 따라 걸어서 출근을 했는데 오월이 되면서부터는 햇볕을 피해 나무들이 만들어낸 그늘이 드리워져있는 산길로 노선을 바꿨다.

일월부터 도보로 출근하는 일을 시작해 온 나는 따가운 햇살이 내려쬐기 전까지만 하리라고 했던 애초에 작정과는 달리 걷기를 지속하고 있다. 다른 직장인들처럼 일터로 가기 위해 집을 나서는 것이 무어 다를 바는 없지만 반년 정도 지나니 차를 타고 다닐 때보다 솔직히 수월치는 않다. 하지만 건강 면에서 보면 적당한 아침 운동이 되고 걸으면 머리가 맑아진다. 심신이 좋은 상태에서 아침을 열게 되니 업무도 잘 되는 듯싶다.

걷기 외에 절연節煙도 병행하는 내게, 주변사람들은 듣기 좋으라고 하는지 아니면 덕담인지 얼굴이 밝아졌다고들 한다. 아닌 게 아니라 미사에 가서 성가를 따라 할 때도 성량이 자못 풍부해진 듯하다.

이제 건강은 지인들은 물론 현대인들이 일상 중 가장 중요 화제이다. 오래 살려는 욕심에서가 아니고 내가 살아가며 불편하지 않으려고 하는 예방 차원이니만큼 일상 중 중요한 관심사가 되어버렸다.

며칠 전 만해도 일산지역에 심한 기습폭우로 인해 도시 곳곳이 잠겼고 모두가 극심한 침수 후유증에 시달렸다. 오늘도 어제에 이어 칠월의 숲이 비바람에 심하게 흔들리고 있다.

그래도 지난봄부터 간간히 변화하는 산길에서 잠시나마 무료함도 잊으니 나로선 출퇴근길이 그저 기쁘기만 하다. 북한산을 비롯한 국내외의 여러 산을 다녀 보았지만 직장이 가까운 정발산이 내겐 너무나 친숙하게 때로는 고맙게 느껴진다. 산길을 오가다보니 자연스레 정화됨을 느낀다. 자제할 줄 모르고 욕심으로 채워진 나를 편하게 다스려준다.

수년을 오르내렸던 산길이지만 올해는 내게 더 유별나다. 온통 맑은 것으로 채워진 오월이다. 두보杜甫는 춘야희우春夜喜雨에서 나오는 시처럼 밤새 기쁜 비에 눈부시게 부서지던 신록에서 얼마나 생의 환희를 느꼈던가. 어느 비온 뒤 아침 산길에선 나무 등걸에서 삐죽이 귀여운 모습의 푸른 잎을 보았다. 화단무더기에선 성급히 선두로 매무새를 보인 것에 나 또한 춘정을 못이긴 처녀처럼 마음이 급해지며 야릇한 감정을 느끼기도 했으니 말이다. 그런 봄을 보내고 신록이 익어가는 유월의 어느 날이던가 나는 장엄한 느낌을 주는 바하

Bach의 토카타와 푸가 D단조를 들으며 잠시 유월의 숲을 엿본 적이 있었다.

그런가 하면 지난 오월엔 선거가 있었다. 민의民意의 선택은 땡볕보다도 더 따가웠고 다수의 질책과 또 일 년 반이라는 앞으로 대선까지 양당이 같이 풀어야 할 숙제만 남겼다. 감동과 열정으로 뒤흔들었던 유월은 독일 월드컵으로 대한민국은 뜨거웠다.

어느새 찔레를 비롯한 산꽃이 사라져 버린 숲에선 녹음으로 울창해진 초여름으로 바뀌었다. 개화나 낙화가 워낙 불시에 나타났다가 말없이 사라지는 숲은 개의치 말라는 듯 보였다. 그런 의연한 자연 속에서 상반기는 빨리도 지났다.

얼마 전까지 아카시아 숲이 전국이 황하현상이라는 병 아닌 노쇠현상으로 때 아닌 낙엽 길을 보였다. 산길에 폭우가 지나고 나니 다시 싱싱해진 녹음으로 건강해졌다.

이제 칠월의 숲은 녹음의 절정으로 여름이 농익어간다. 일을 마치고 가벼운 마음으로 걷는 산길에선 뻐꾸기소리가 아주 작게 그리고 은은히 들려와 나를 아스라이 먼 기억으로 끌고 간다. 신도시가 되기 전 산 주변 어디선가 뜸부기도 울었을 것이고 '비단구두를 사가지고 돌아올 거라는 오빠' 를 부르며 아이들도 이 길을 걸었을 것이다.

산길을 내려가면서 아는 이도 만나고 또 낯선 이도 스치면서 아침에 지나왔던 나의 일상을 위해 걷는다. 길은 산길이건 어느 다른 길이건 다 이어져 있기에.

내가 만난 앙코르 와트

앙코르Angkor의 회상이 담긴 이메일이 왔다. 지난 주 여행지에서 만난 아름다운 이들로부터다. 이메일엔 무작정 캄보디아Cambodia로 가자고 해서 우겨서 다녀온 앙코르는 정말 멋있었지만 한편으론 우울했다고 했다. 그건 그곳의 아이들이 관광객을 대상으로 물건 사달라던 소리들의 환청과 잔상들이 쉽게 떠나지 않아서라는 데에 나 역시 동감한다. 옷깃을 잡던 그곳 사람들의 눈망울이 지워지지 않기 때문이다.

오늘은 천둥 번개를 동반한 호우가 찬란한 오월을 적시고 있는 일요일 아침이다. 며칠 전까지만 해도 창문을 열거나 밖을 나서기만 하면 여기저기 마치 기적이 다시 일어나고 있는 듯 꽃잎들을 떨 군 대지에선 눈부신 신록이 펼쳐 있었다.

나는 그 신록 오기 전 일상에서 잠시 벗어날 수 있는 여행을 다녀왔다. 황사바람이 예년보다 더 심하게 기승을 부리던 사월 중순은 여행하기엔 더없이 쾌적했다.

인천을 떠난 나는 중간지점인 대만 경제 무역의 대도시 까오슝高雄공항을 경유하여 캄보디아 시엠립 공항에 도착했다. 아시아지역으로는 이번이 네 번째 여행지가 되는 셈이다.

도착 당일 저녁식사가 제공되던 식당에선 압살라란 캄보디아 전통춤과 함께 식사 후 숙소로 돌아온 나는 오랜만의 여행지의 설렘 때문에 잠을 설쳤다. 푸석한 눈을 비비며 일어나니 작년 베트남에서처럼 초여름의 열기가 느껴지며 캄보디아의 아침은 역시나 낯선 이국이었다.

며칠간 머무른 시엠립Siemreap은 마치 우리의 경주보다는 좀 더 한적하다. 앙코르왓을 소재하고 있는 캄보디아의 서북쪽의 작은 도시다. 일행은 다른 패키지여행과 달리 한 숙소에서 지냈다. 이번에도 나는 여행 동반자를 운 좋게 만나서 무엇보다도 좋았다. 숙소를 출발해 유적지를 연결해주는 버스 탑승객은 가이드를 제외한 열 명 중 집사람의 친구내외 그리고 나머지 일행도 며칠간을 같이 동행하게 됨에 따라 편한 여행 친구가 되었다. 다만 날씨가 마치 초여름을 미리 맞으려간 듯해 좀 더운 편이었다.

건기와 우기로 나누어진 그곳의 날씨는 가장 더운 달이 4월이라고 하니 내가 간 때가 좀 더운 편이다. 이번 여행의 일정도 점심 후 한 시간 휴식 후 관광을 했으니 많은 사람들이 택하는 12월이 제일 적기인 듯하다. 오월이 제

일 좋은 달이나 세계가 기상이변이고 관행적이던 기후도 우리 땅에도 예외는 아닌 듯하다.

오후가 되니 비가 멈추고 예년과는 달리 초여름같이 뜨겁다. 다음 주가 되면 한여름을 느끼게 될 듯하다. 내가 만난 앙코르도 지금쯤은 작열하는 태양아래서 찬란한 자태를 빛내고 있을 것이다.

앙코르 왕국은 인도차이나 반도 중앙에 근거를 두고 번영기에 만들어낸 신의 경지에 가까운 초인간적인 사원이다. 톰Tom에 이어진 문間과 곳곳에 산재된 불상 및 부조와 단상은 물론 사원 회랑에 예술품보다 더 정교하게 부각된 벽면조각품 외 모든 것들에 황홀하리만치 빠져버리고 말았다.

그중 백미 라면 역시 한 폭의 풍경화처럼 장엄하게 드리워져있던 왕코르 왓Angkor Wat의 모습은 지금도 눈에 선하다. 신이 만든 듯한 걸작품이다.

코끼리가 운반되어 세워진 돌들의 건축물의 위용은 어떤 묘사로도 불충분하며 다만 책자에 소야만 바르만 2세에 의해 12세기전반에 30년에 걸쳐 건축 되어 되었다는 문헌상의 기록을 인용 할 수밖엔 없음이 나로선 그저 안타깝기만 하다.

더욱 이번엔 서구 여행지 유적에 매료되었던 나 자신도 아시아권의 문화유산에 대한 접근이 식생활에서부터 은근히 친근해지니 같은 동양권의 사람으로서 느끼는 동질감이 아닐까 싶다. 아무튼 앙코르는 발길이 머무는 자체가 신비로웠고 내가 그간 궁금해왔던 사원도 마지막 날 가볼 수 있었다.

따쁘놈Ta Prohm사원이란 곳은 거대한 나무들이 벽과 지붕에 뿌리를 내리고 담을 넘고 문을 감싸고 있다. 거의 폐허가 된 사원이나 나는 그 무너짐 자체에서 받은 니힐리즘Nihilism적인 아름다움이 제일 인상에 남는다.

그 사원 말고도 앙코르의 유적들은 무너져버린 것들이 대부분이고 그 부분들이 타국의 원조로 원상복구중이며 그래도 인력만큼은 자국인에 의해서 한다고 하니 그나마 다행이다.

또한 왓트마이라고 하는 프놈펜에 있는 킬링필드와는 또 다른 것으로 주로 시엠립 주민의 여러 희생자들의 유골을 보관한 곳 인데 우리와도 유사한 이데올로기의 산물인 동족상잔의 현장이 다시한번 나의가슴을 아프게 한다.

대개, 사람들은 관광지에서 구걸하는 이들에게서 캄보디아의 가난을 말한다. 나또한 사전에 준비해 간 필기구를 내가 만난어린이들에게 나눠 주고 왔지만 그 분량으로는 미흡할 뿐이고 미군을 따라다니던 나의 어린 시절을 회상하면 지금도 마음에 걸리는 부분이나 경제 지도자들의 몫이라고 생각한다.

먼지 날리는 곳곳에서 크메르왕국의 후예인 캄보디아인들을 마치 어느 여행지와 같이 스치고 보았다. 자그마한 체구에 가무잡잡한 얼굴에선 마치 어느 폐허 사원에서의 본 듯한 부처의 미소를 발견했고 그 그을린 미소의 행복지수는 물질이 아닌 것임을 말하는 듯 했다. 내가 만난 강한 햇빛 속에 돌무더기들의 앙코르는 묵묵히 버티고 있었다.

큰댁 조카

시도 때도 없이 나를 찾던 큰댁 조카의 성급한 핸드폰의 발신음이 마치 용무만 끝나면 곧 돌아서 버리는 현대인들처럼 이제는 끊겨졌다. 하긴 큰댁에서 제사를 옮겨 온 후 그쪽 사람들과는 대 소사 때에나 만나기는 했지만 뜸했고 격조했기 때문에 갑작스런 그의 출현은 나로서는 좀 낯설었다.

그러나 그것보다도 세 형님들이 타계하여 막내인 내가 집안일이 생기면 매번 우선으로 들어야 하고 수장노릇을 해야 하는 나로서는 은근히 부담스러운 일이기 때문이다.

큰아버지의 손孫인 그의 용무는 족보族譜제작에 관한 것들이었다. 조카가 나를 방문한 것은 얼마 전 일 이었다. 나보다는 아래 항렬行列이나 오랜만에 만난 연상인 그는 이제 더 지긋해 보이는 나이로 보였고 예전의 느린 말투나 표정은 여전히 변하지 않은 채였다.

그가 다녀간 후 나는 파주의 상지석리에 있는 큰댁을 방문했다. 실향 후 피난살이에서 이젠 고향이 되 버린 큰댁과 집안사람들은 이제 안정된 생활로 대를 이어가는 제법 여유 있는 집성촌 사람들로 변모해 있었다. 아무튼 나로선 변경된 사항이 필요한 호적자료만 제출 했을 뿐 상지석리 사람들의 노고로 45년만의 족보 제작 완료 소식을 연락받았다. 아직까지 볼 수는 없음이 궁금하나 얼마나 잘 만들어졌는지 매우 기대가 된다.

지난주 휴관 날 인근 도서관인 파주 도서관을 방문할 기회가 되어 어느 사람을 알게 되었는데 그도 나와 같은 종씨宗氏여서 반가웠다. 처음 만나면 통성명通姓名을 하는 것이 한국인의 상례이듯 세 사람은 본관도 묻고 또 파派도 따지게 되었는데 박 관장은 항렬이나 본관이 달랐고 또 다른 이는 오래 전 파주지역에 대를 이어 온 우리와는 파가 달랐다. 본관만 다르지 돌림자와 관련된 세 사람이 식사를 같이하다보니 친근하게 느껴지기까지 한다. 혈연 이란 참 어쩔 수 없는 것이 아닌가 하는 생각까지도 든다.

한국사회는 후삼국시대에서부터 지금에 이르기까지 성姓과 본관本貫이 주요소로 구성된 족보는 타국보다 우리의 가계家系기록을 보여주는 더 없이 좋은 기록 자료인 듯하다. 또 한국인이면 족보가 어느 집이든 간에 타 도서보다 신중하게 보관되어 있어 자신의 가문을 소중히 여긴다. 우리나라 사람들의 전통이 대단함과 유일함을 가지고 있다고 나는 생각한다.

유년시절 아버지를 따라 다니며 보았던 한지에 절은 오랜 족보에서 장단으로 이주 한 후 고양시에 정착하기까지 변경

내용이 다시 재 보정補整되어 계보의 흐름을 다시 볼 수가 있게 된 것이 정말 기쁘다.

족보 이야기를 하자니 기억에도 가물거리며 한참 전 방영되었던 우리에게 깊은 감동을 준 '뿌리' 라는 드라마를 떠올리게 된다. 나는 지난 주말에 소설 뿌리를 읽었다.

알렉스 헤일리Alex haley의 소설 뿌리Root는 노예로 납치되어 온 아프리카 소년 쿤타킨테와 그후 2백년간 그의 후손이 겪는 파란만장한 미국흑인들의 뼈아픈 역사를 담은 작품으로 누구나 잘 알고 있다. 그는 서두에서 뿌리라는 작품을 완성하기까지 그리오Griot란 구비전승시인에게 도움을 받았다는 사실을 밝혔다. 기록이 되어있지 않던 예전에 마을사람들의 입과 기억으로 소설을 썼던 유일한 방법과 그래서 자신들의 정체를 알게 됨을 말했다. 그들이 노예생활의 유랑 속에서도 자신의 뿌리를 찾으려고 했던 것이나 상지석리 사람들 외 모든 이들의 전승에 강한 애착과 관심의 모습은 다 같은 것이 아닌가 싶다.

이번 집안일 중에 족보대금이 부담스러웠다. 족보제작에 따르는 거출비용이 거액이었고 나와 집사람과 의견이 분분했으나 결국 집사람은 들었던 예금까지 중도에서 해약했다. 집안일을 도맡느라 애쓰는 장손인 조카네 집으로 보내 줄 예정이다.

그동안 자주 오던 큰댁 조카의 전화가 뜸해지자 이번엔 내 쪽에서 궁금해 전화를 했다. 조카는 그간 나가던 어느 아파트의 경비 일을 접어두고 밭농사에 몰두 하느라 바쁘다고 했다. 날이 선선해지면 전에 이야기하던 아버지가 사셨던 장단의 땅 문제를 상의하러 내개 다시 오겠단다. 그가 자꾸 궁금해짐은 역시 끈끈한 혈육이기 때문인가 보다.

여름나기

무더위만큼이나 매미가 소리 높여 운다. 도서관 숲에서, 아파트 단지에서 들리는 매미소리는 산골매미와는 달리 유난하다. 그러나 그나마 그 소리마저 없다면 불볕더위로, 열대야로 무더운 여름날이 얼마나 무료할까 하는 생각을 해 보니 다행이다.

중복인 지난밤도 열대야로 도시는 잠들 줄 몰랐다. 휴일이라 아침운동을 다녀온 후 온종일 대나무 발에 누워서 더위를 식히기도 하고 에어컨을 한 두 시간 가동시킨 후 낮잠을 청하여 보았는데 머리만 무겁다. 더운 바람이지만 창문을 다시 여니 그래도 기분이 맑아지는 느낌이다. 저녁식사 후엔 답답증을 풀려고 아파트를 나섰다. 어둑해진 아파트 단지 내에 작은 분수가 뿜어내는 물줄기가 제법 시원해 보이고 작은 평상위엔 가족들이 누워 더위를 식히고 있다. 지난주엔 초생이

더니 제법 두툼한 달빛으로 풍성하지만 공해에 찌든 도시의 여름밤을 제대로 밝히지 못하고 사람들로 서성대는 공원 내에 어설프게 머문다.

그래도 여름은 어디서나 누울 수 있는 만만한 계절이니 수월하지하며 나는 마치 지혜롭게 나이든 이처럼 여름을 예찬하려 애쓰며 집으로 향한다. 내 거처로 가는 공간엔 슈퍼를 비롯해 몇 개의 점포가 있다. 생필품을 파는 마켓은 그래도 오랫동안 명맥을 유지하는데 비해 몇 년 전에 생긴 과일가게도 보이고 또 얼마 전엔 외국으로 이민 간 비디오가게 자리엔 맥주집도 생겼다. 이번에 문을 연 호프집은 메뚜기도 한 철에서인지 아니면 주인의 성실함 때문인지 제법 늦은 시각까지 많은 이들이 파라솔아래서 삼삼오오 잔을 기울이는 모습이 보인다. 마치 프랑스의 노천카페처럼 낭만은 없더라도 어쩌다가 그곳을 지나칠 때면 하루의 일과를 끝낸 직장동료 같기도 하고 식구와 이웃들인지 또는 연인인지 담소하는 것이 편안해 보인다.

나도 한 아파트에서 십년 넘게 살다보니 고맙게도 좋은 이웃들을 알게 되었다. 내가 살고 있는 같은 동棟의 두 집 하고는 꽤나 인연이 깊어서 인지 아니면 이곳을 떠나지 못해 서로 남아 있게 되어서 인지 작은 것이라도 서로 나누며 사는 편이다. 그래서 많은 세대를 가진 아파트지만 한 지붕 세 가족이 되었다. 원래는 집사람끼리의 친목에서 시작된 것이 시간이 지나며 세집의 남자끼리도 호형호제呼兄呼弟하는 이웃으로 발전했으며 지난주는 한 가족의 고향 길에까지 동행했으니 이웃사촌이란 말이 그래서 생겨났나 싶다.

지난주 그 세 가족이 용추골이란 곳엘 갔다. 첫날은 어두운 밤에 도착해서 잘 몰랐는데 다음날 본 용추골의 아침은 전형적인 농촌지역이었다. 꼬끼오~ 하는 닭 울음소리에 잠을 깼다. 참 오랜만에 들어보는 반가운 소리였든 싶다. 창문으로 들어오는 별빛을 보느라 또 소쩍새 우는 소리를 듣느라고 늦게까지 잠을 이룰 수 없었다. 골이 깊은 지형인 전북 장수읍에 소재한 용추골이란 곳이다. 이틀간 보낸 그 여름날이 일행 모두에게 아련한 기억을 불러일으킬 만큼 산으로 둘러져 있는 분지盆地형태의 안온한 마을이었든 싶다.

나는 그곳에서 머리에 내려앉는 따가운 햇살과 스치는 가볍게 스치는 바람과 초록 산을 소리 지르며 계곡물의 하강下降을 들었고 시골 여름밤을 하얗게 수繡놓은 은하수 물결도 보았다. 더 인상적인 것은 동네 어귀의 오래된 느티나무를 시작으로 낡은 집사이로 해바라기와 달맞이꽃들이다. 파란 하늘을 배경으로 흔들리는 모습이 마치 영화의 한 장면 같은 용추골의 여름날 아침이었다. 우리가 이틀간 거처하는 동안 이웃의 누님 댁에선 힘들게 가꾼 먹거리로 식사를 차려 내는 등 너무 편하게 대해주었다. 나는 이미 도시의 편리함에 익숙해져 살지만 아무래도 농촌은 도시에 비해 선택받은 자연의 주는 혜택이 많은 곳이 아닌가 싶다. 그곳이 생각이 날 만큼 오늘밤은 더 무덥다.

내가 사는 강촌마을은 울어대는 매미소리와 질주하는 차량들의 경적 음들은 좀처럼 잠들지 않고 별들이 조금씩 내리는 여름밤만 깊어간다. 오전에 듣다말던 조용하지는 않은 오페라곡이지만 맨델스존의 한여름밤의 꿈A midsummer nights dream을 다시 들으며 잠을 청하여야겠다. 긴 장마의 폭우 속에서도 올 여름은 와 있고 또 가을은 어김없이 우리에게 올 테니까 말이다.

일상에서

지난밤엔 내 창을 두드리며 오는 봄비 소리에 늦게까지 잠 못 이루었다. 밖을 나서니 밤새 많은 비를 뿌리지 않았는지 길은 촉촉이 젖어 있는 듯 했고 차와 또 행인도 드문 조용하고 평온한 일요일 아침 출근길이다.

토요휴무제가 시작 된지도 한참이나 되었지만 도서관은 예외다. 개나리가 심어져 있는 돌담축대를 따라 걸으며 요즈음같이 어려운 시기에도 일이 있어 집을 나설 수 있다는 것 자체가 감사하기만 하다. 구청에 근무할 때에는 엎어지면 코 닿을 듯한 거리라 몇 년간이나 서편으로 걸었으나 이젠 반대의 동편이다. 남들이 들으면 걷는 것이 뭐 그리 대단한 일이라고는 하겠지만 신년 초 나름대로 생각해둔 금연禁煙의 많은 일들은 작심삼일作心三日이 되어버렸는데 그나마 하나라도 건진 셈이다. 경적과 매연이 있긴 하지만 산 아래까지 내려온 청량한 공기를 마시며 사무실까지 걷다보면 기분전환은 물론 아침 식사 후 소화까지도 도와준다. 하루의 일과를 가볍게 열게 해 주니 도보로 출근하는 일은 따가운 햇살이 내려쬐는 뜨거운 여름날이 올 때까지는 무난한 내 일상중 하나가 될 것이다.

문득 발밑을 보며 추운 바람과 눈 덮인 대지를 뚫고 올라온 풀 한 포기에서 나는 자연의 신기함과 신비 자체가 그저 반갑기만 느껴진다. 산자락이 끝나는 암센터 병동을 지나면서부터 대로변으로 걸음은 이어지고 제법 서두르는 걸음걸이의 사람들 속에서의 잠시 섞여 있다 보면 흰 건물이 보인다. 최근엔 도서관에 들어서며 내가 직접 차를 타 마시는 일이 가벼운 일상중 하나이다.

작년까지만 해도 아침을 먹고 느긋이 담배까지 한대 피운 후 집사람이 차로 태워다 주었다. 그랬던 내가 걷기를 시작한 것처럼 직접 차茶를 타 마신다. 직원들의 바쁜 아침시간에 내게 덜 신경 쓰게 하려는 작은 생각에서다. 그간 출근길에 동행해 준 집 사람과 차 대접을 해준 동료직원들이 그저 고맙기만 하고 진즉 그리할 걸 하는 생각이 든다. 나이 듦과 직장의 위치에서 편안해지려고만 하는 일상에서 벗어나 자신이 직접 자꾸 움직여야만 능동적이고 적극적인 사고방식이 되고 건강에도 도움이 되겠다. 그리고 보니 지난겨울 에서 이즈음까지 내 딴에는 침잠沈潛하겠다고 했었지만 지금 생각하니 매년 겨울에서 봄이 오기까지 해마다 내가 부리는 게으름의 기간이었다.

올해로 도서관의 근무도 삼년 째로 접어든다. 첫해는 알려고 애썼고 다음 해는 일하려고 노력했다. 올해는 직원들에게 이제 졸업반이라며 좀 편히 있다가 가겠다고 우스개로 넌지시 말했더니 직원들이 몇 년 더 있게 되면 어떻게 할 것이냐고 그러지 말란다.

어쨌든 예술분야에서 말하는 매너리즘Mannerism과는 조금 다르지만 나 이외 모든 직장인에게도 되풀이되는 일상에서 벗어나지 못함이 독창성과 신선한감을 잃게 하는 요인이다. 그런 생각에서인지 오늘 차 맛은 다른 때 보다는 덜하다.

문득 새해가 열리며 설레던 날이 엊그제 같은데 벌써 삼월이 된지도 며칠이나 지났으니 참 시간은 빨리도 간다. 오전엔 기공식을 마친 어린이 도서관개관 운영에 따른 단계적인 준비에 대한 구상을 마치고 점심 후 동인회에 내야할 글도 써 볼 양이다. 해마다 써 왔던 몇 권의 비망록備忘錄을 넘겨보니 일기에서 주기로 올핸 월기로 줄어들었다.

동인회에선 계간지에 실릴 글을 빨리 내지 않으면 준회원으로 하겠다며 장난기 있는 위협을 준다. 오랜만에 글을 쓰려니 마음만 급해지며 잘 되질 않는다. 이는 내가 준비가 안 된 탓이며 너무나 당연한 일이다. 그만큼 요새 들어서는 쓰는 일에 덜 열심이었다. 그러나 어디 쓰는 일뿐이 아니라 요즘은 말수도 많이 줄어들고 먹는 것도 전보다 덜한 것에 내가 무기력해진 것이 아니가 하는 생각도 든다.

말의 수효가 줄어든 것은 사무실의 구조상 혼자 있는 공간과 직원들의 들뜬 목소리 보다는 톤Tone을 낮게 하다 보니 그렇다 치고 오늘 점심때만 해도 직원들과 같이 식사를 했는데 먹는 속도에서도 차이가 났다. 이제는 먹는 것에서도 적당히 절제를 해야만 내가 편할 듯하다.

지난해만 나는 한 달에 한편씩 주제를 정해 거의 의무적이나 열정적으로 글을 썼고 도서관장으로 재직 중에 한권의 책이라도 내려고 했었으나 언젠가 될지 모르는 일로 이월移越이 되어 버리고 말았다. 그나마 내가 도서관에 근무하면서 내 나름대로 느꼈던 분야별로 업무의 흐름을 그래도 몇 달간 고심했다. 직무에 비중을 둔 글 몇 편이 남아 있어 업무에도 도움이 된다. 공직에 근무하면서 이래저래 글 쓰는 일은 취미생활이외에 내가 안고 가야만 할 듯하다.

이달 하순이면 개화開化가 다시 시작 된다고 한다. 다음 주 정도면 내가 걷는 아침 출근길에 노란 개나리가 만발할 것이다. 내일은 퇴근 후 겨우 내내 수도자처럼 입고 다니던 검은 바바리코트라도 밝은 색으로 갈아입게 오랜만에 백화점에 가보아야겠다. 그리고 등산화라도 여유가 되면 덤으로 사게 될지도 모르겠다.

배 희 님
paen4930@yahoo.co.kr

생각해 보면 내 인생의 봄날이 아닐 수 없다. 참으로 사랑스러운 시절이었고 순결한 때가 아니었을까. 첫사랑의 시련도 희망도 절망도 꿈이 있어 아팠던, 이제 다시 돌아가지 못하는 시절이다. 속절없던 그 때가 없었다면 지금 나는 무슨 생각으로 살아가고 있을까. 괴롭기도 했지만 그립기만 한 시절이다. 슬픔이 힘이 되어 어른이 되게 했던 산실 같은 다락방이 또한 없었다면, 서로의 자리가 되어 주었던 그녀들이 없었다면 다락방은 또 무슨 의미가 있었을까.

나도 가끔 외도를 꿈꾼다

'잘 가다 삼천포로 빠진다' 라고 하는 우리말이 있다. 목적지를 가다 엉뚱한 길로 들어선다는 뜻이다. 이럴 경우 길을 잃어서기도 하겠고 잠시 한눈을 팔다 가던 길을 놓쳐서기도 하다. 그러나 때론 다분히 의도적으로 옆길로 새고 싶을 때가 있다. 그 길에는 무언가 신선한 것이 있을 것도 같고 새롭게 접어든 길이 다시 희망을 줄 것도 같다. 어쩌면 그렇게 수시로 가던 길이 아닌 샛길로 빠지고 사는 것이 우리 인생일지 모른다.

우연히 엉뚱한 길로 들었다 돌아오지 못하고 그 길이 제 길이 되는 경우도 있다. 그렇다고 그것이 잘못된 길이라고 말할 수는 없다. '한눈을 팔다' 라는 말이라든가 '외도를 한다' 라는 것도 같은 의미이다. 그러나 보편적인 생각으로 라면 좋은 의미로 이 말을 이해하려는 이들은 그리 많지 않다.

정도에서 벗어나는 것을 잘못된 탈선이라 여기는 고정관념에서 오는 편견이다. 그러나 이것 또한 인생의 매력 중 하나라면 놓칠 수 없는 매력이다.

'사이드웨이'라는 영화에는 평범하지만 그래서 매력적인 두 남자가 나온다. 한 남자는 소설을 쓰는 영어 교사다. 그는 이혼의 상처를 극복하지 못하지만 여자보다 와인에 대해서만은 전문가 못지않다. 다른 또 한 남자는 중년의 나이가 되어서야 겨우 결혼이라는 것을 하면서도 마지막 총각 생활의 자유를 공격적으로 즐기고자 한다. 둘은 아주 오래된 친구다. '포도주'와 '오래 된 친구'. 그에 잘 어울리는 공식처럼 영화는 함께 떠나는 여행길에 일어나는 한바탕 해프닝에 대한 내용을 담았다.

때로는 유쾌하게, 때로는 뭉클하게, 때로는 쓸쓸하게, 그리고 슬프기도 한 단순한 줄거리인 영화는 커다란 웃음만큼 상당히 많은 질문과 고민을 오랫동안 하게 한다. 너무 방탕한 남자와 너무 진지한 남자. 결혼을 앞두고 여행 중에 만난 여자에게 쉽게 사랑을 이야기 하는 그 남자. 이미 전 부인이 재혼을 했음에도 아직까지 그녀를 잊지 못하는 남자. 죄책감 없이 잠깐의 '딴 짓'에도 열정을 위해서라면 최선을 다하는 남자. 본업이 있으면서 꿈을 좇는 아니, 버리지 못하는 이 남자. 필요한 만큼 상황을 즐기는 남자. 전공과 취미의 경계가 모호한 주객이 전도된 남자. 이쪽에 있으면서 저쪽을 기웃대는 남자들의 이야기다.

그들은 자기 길이 아닌 다른 길을 넘보며 끊임없이 한눈을 판다. 다른 여자에게, 와인을 음미하는 것에, 실현이 어려울 것 같은 꿈에 달짝지근한 사랑을 가지고 있다. 마치 본래 길을 두고 다른 길에 들었다 다시 제 길을 찾고 있는 사람들처럼 보인다. 그러나 그들을 보면서 그들에게 공감할 수 있었던 것은 우리네의 또 한 모습이어서 아니었을까. 영어 교사인 남자는 교사라는 직종보다 자신의 소설이 책으로 출간되는 것에 전 희망을 건다. 결국 노력에도 불구하고 꿈은 좌절되고 실의에 빠진 그를 보면서 꿈이 주는 고통에 대하여, 쓸쓸하다고밖에 달리 할 말이 없는 인생에 대하여 깊은 생각을 하게 한다. 그리고 그가 제 길을 찾아 아주 돌아오지 못할 것 같은 예감을 다시 본다.

심부름을 보낸 아이가 한참 만에 왔을 때 이유를 물어보면 돌아오는 길에 잠깐 한눈을 팔았다고 한다. 본분을 접을 만큼 흥미로운 것을 만나 그것에 취해 있었던 것이다. 어땠느냐고 물으면 눈을 동그랗게 뜨고 재미있었다고 말한다. 한눈을 판다는 것은 누구에게나 이렇게 재미있고 흥미진진한 일이다. 늘 하던 일도 보던 일도 아닌 것에서 벗어나 그저 한번 겪어보고 돌아 갈 일이라 생각한다면 그리 어긋나는 일도 아니다.

주변을 보면 '본래 저런 일 한 사람이 아닌데' 라는 말을 듣는 사람들이 있다. 본래 저렇게 산 사람이 아니라는 말도 한다. 그러나 그들은 본래부터 그랬던 모습들로 산다. 잠깐 동안 의도한 외도가 오랫동안 지속되다 보니 제 길이 되어 버린 경우다. 취미로 하던 것이 본업이 된 이들도 있고 누구는 재미있어 자주 하다 보니 그것에 벗어나지 못해 안주해 버린 경우도 있다. 우연히 여행지에 머물다 그곳에 터를 잡은 이들도 주위에는 있다. 일상에서 잠시 일탈해 보고 싶었던 것이 그만 일상이 되어 버린 것이다.

그러나 돌아와야 할 때를 놓쳐 인생을 망치는 수도 있다. '외도'를 부정적인 시선으로 보게 하는 이유다. 그럴 경우 단순한 실수나 과오로 인정하기 어려울 뿐 아니라 주변인들의 인생까지 엉망으로 만들어 버리고 만다. 이 또한 모르는 바가 아니건만 나도 그대도 우리는 모두 한눈을 팔 때가 있고 외도를 꿈꿀 때가 있다. 그렇다면 나는 영화 속 누구일까, 쓸데없는 질문을 해본다면 그 남자 일수도 이 남자 일수도 있겠다. 아니 그들 중간 어디쯤이 매력적인 것은 아닐까.

늘 하던 익숙한 일과 따분하고 지리 한 일상이 평화와 행복이라는 것을 우리는 안다. 그러면서도 가끔 이렇게 일탈을 꿈꾸어 본다.

혼자 울고 있는 남자

우연히 자동차 안에서 혼자 울고 있는 남자를 보았다. 그럴 생각은 아니었는데 정말 우연이었다. 자정이 다 된 시간이었나 보다. 두고 온 소지품이 생각 나 주차장으로 내려갔던 중이다. 처음엔 그저 엎드려 있는 것이려니 했는데 가까이 가보니 그의 어깨가 들썩이고 있는 것이 확실했다. 그는 분명히 울고 있었다. 보아서는 안 될 것을 본 것처럼 가슴이 두근거렸다. 얼른 발걸음을 죽이고 계단을 다시 올라오는 것이 도리였다.

그는 왜 혼자 울고 있었을까. 늦은 시간에, 하필이면 어두운 차안에서. 이유는 알 수 없지만 몸을 감추고 슬프게 울어야 할 일이 있었던 모양이다. 눈물이라는 것이 보는 이나 흘리는 이나 마음을 아프게 하는 묘한 물질이기는 하다. 그래서다. 보지 않은 것만 못한 것이. 그러고 보면 아무도 모르게 혼자 울 수 있는 장소가 차안밖에는 없는 것 같다. 방해받고 싶지 않은 나만의 시간과 공간을 바래보지 않은 사람이 어디 있을까. 때때로 공간은 너무나 절실하여 소원일 때도 있다.

초등학교 5학년이었나 보다. 녹음이 우거지는 7월이었는데 방과 후 친구 집엘 가게 되었다. 형제가 많았던 친구라서 어린 나이에도 앉을 자리가 없다는 것이 민망스러웠다. 그런데 친구가 손을 끌더니 조심스럽게 자기 자리로 가자고 말을 했다. 주변에는 대학교가 가까이 있어서 교정이 산의 일부처럼 보이던 곳이다. 따라 올라 간 곳은 학교가 훤히 내려다보이는 데다 넓은 돌들이 다문다문 박혀 있는 것이 제법 마음에는 들었다.

그곳까지 올라간 친구는 쪼그리고 앉아 "참 좋지?"라고 한마디 하더니 한참 동안 내려다보기만을 했다. 그 때 나는 얼굴이 통통했던 그녀가 낯설었을지도 모른다. 나는 나대로 친구네 간 것을 후회하고 있었을 것이다. 서먹하기도 했지만 그녀를 마음 상하게 했을지도 모른다는 생각 때문이다. 그리고 '얘가 여기 와서 울기도 하겠지?' 나도 혼자 그럴 때가 있었으니 무엇보다 그것만은 짐작할 수 있었다.

속상하고 우울하면 생각나는 옛 친구가 있다. 그럴 때마다 가장 적절한 위로를 주는 벗이기도 하다. 친구와 나는 스무 살 무렵 거의 한 집에서 같이 살다시피 했다. 스무 살이 무엇이던가. 나에게만 있는 듯 온갖 고뇌와 갈등들이 투명하지 못한 미래에 두려움을 주었을 때가 아니던가. 어쩐지 암울한 세상에 발을 들여놓기도 전, 겁부터 나던 때가 아니었나. 그렇다고 무엇이든 못할 것도, 안 될 것도 없던 시절이었건만. 왠지 혼자 있길 간절히 원하던 때였다.

그런 우리에게 다락방이 있었다. 창고 역할 외에 별 쓰일 데가 없던 다락이었지만 둘에게는 최고의 은신처였고 안식처였던 셈이다. 각자 그대들의 방에 초대를 하곤 했는데 그럴 때 흥분은 말할 수 없었다. 다락방은 너무 좋았다. 문을 잠그고 얕은 계단을 몇 개 올라가 배를 깔고 누우면 좋을 만큼 천장이 낮았지만 참으로 아늑했다. 마치 내 원초적 공간처럼 따뜻하고 편안했다. 아주 많이 어두워지면 30촉짜리 알전구를 켜기도 했지만 늦도록 이유 없이 억울한 박탈감에 혼자 울어야 할 때가 있었다.

다락만으로 우린 종종 부족했다. 여름이면 한낮 동안 햇볕에 달은 옥상으로 올라가 저녁 무렵부터 텐트를 치고 밤을 지새우곤 했다. 어느 특별한 날에 친구는 감동적인 자작시들을 한꺼번에 가지고 나왔는데 어쩌면 그 때부터 모작 같은 시들을 창작인 양 나누어 읽으며 유치하리만큼 들떠 감동을 하기 시작했는지 모른다. 이리하여 잡문에 불과한 것들에게 희망을 가지면서 어둡기도 했지만 화려하기도 했던 이십 대를 우리는 시작할 수 있었다.

생각해 보면 내 인생의 봄날이 아닐 수 없다. 참으로 사랑스러운 시절이었고 순결한 때가 아니었을까. 첫사랑의 시련도 희망도 절망도 꿈이 있어 아팠던, 이제 다시 돌아가지 못하는 시절이다. 속절없던 그 때가 없었다면 지금 나는 무슨 생각으로 살아가고 있을까. 생각하면 괴롭기도 했지만 그립기만 한 시절이다. 슬픔이 힘이 되어 어른이 되게 했던 산실 같은 다락방이 또한 없었다면 그 시절은 있었을까. 서로의 자리가 되어 주었던 그녀들이 없었다면 다락방은 또 무슨 의미가 있었을까.

지금 내가 사는 곳 지하에는 창고라고 할 만한 것이 하나 있다. 언젠가 가족들에게 그곳을 개조해 내 방으로 쓰겠다며 떼를 쓴 적이 있다. 밤늦게까지 혼자 실컷 있으면서 웬 엉뚱한 소리를 하느냐고 식구들은 시큰둥했다. 겁이 많은 내게 고양이가 때때로 출몰해서 얼마나 기분이 나쁜지 알기나 하느냐고도 했다. 들은 척도 안하는 것을 보면 아마 가소로웠을지도 모른다. 물론 주택법상 방으로 개조해 사용할 수 없는 공간이기는 하다. 음산하여 무서운 곳이라는 것도 안다.

그래도 깨끗하고 예쁘게 다듬어 그곳에서 하룻밤도 자고 음악도 듣고 내가 좋아하는 사람만 초대도 하고 싶었다. 무엇보다 마음껏 소리 칠 수 있는 내 곳이 필요했던 것이다. 이런 내 소망을 딱하게 생각한 지인은 구원을 해주듯 오피스텔 열쇠를 빌려줄 테니 원할 때 사용하라고 했다. 하지만 단지 나는 나만의 내 열쇠가 있는 철통같은 요새를 가지고 싶어서일 뿐이라는 걸 그들은 모른다.

자질구레하면서도 슬프거나 아무 것도 아닌 하루들이 때로는 나를 인내할 수 없는 고독으로 떨어뜨릴 때가 있다. 그럴 때 마다 곁에 있어 줄 누군가가 필요했고 혼자 있을 다락이 필요했고 옥상이 필요했고 구석진 자리가 필요했다. 이제 자동차안밖에는 없는 것일까. 오늘, 점점 더 고독해 지고 내가 더 많이 외로워지는 것은 나 혼자만의 공간을 잃어버렸기 때문은 아닌지 모르겠다. 혼자 울던 그 남자에 대한 연민이 여러 날 동안 가시지 않고 있다. 무엇이 그를 그곳에서 울게 했을까. 마음 한구석 빈자리라도 빌려주어야 될 것 같은 생각이 잠시 들었던 순간이었다.

시어머니와 나

이번 설에 시어머니는 여러 날을 계시다 가셨다. 평소 한 번 들리시면 오래 계시지 못하는 편이다. 어쩌다 오셔도 그다지 이곳이 만만치 않다는 것을 눈치로 알고 있는 터였다. 아들네라고 하지만 딱히 내 집 같지가 않아서다. 그런 분이 조금 더 계시라는 말씀을 드리자마자 주저 없이 그러마 하신다. 아무래도 이번 길은 유난히 발걸음이 무거우신가 보다. 이제 그 분도 꽤 연로 한 탓이리라. 고집스럽기만 하던 강단이 무너지고 있는 것일까.

시어머니와 나는 그다지 좋은 고부간이 아니었다. 무슨 이유에서인지 시아버지는 물론이고 주변 어른들이 나를 밉게 보는 것 같지 않은데 시어머니만은 유독 그리 대하셨다. 어쩌면 시작부터 그랬을지 모른다. 아들과의 교제가 마땅치 않았던 참에 이런 저런 흠을 대며 결혼을 절대적으로 말리셨으니 맹세코 내가 결혼을 원하지 않았던 것은 당연한 일이다. 어쩌면 이것이 며느리가 더욱 곱지 않은 이유였을 것이라는 생각은 결혼을 하고 나서다.

결혼 후에도 집안일이 순조롭지 못하면 모든 것이 며느리 때문이다. 비과학적인 사고를 내세워 나를 혼란스럽게 한 적이 헤아릴 수 없다. 며느리가 신경쇠약에 걸릴 정도였으니 예사로운 분이 아니었던 것만은 분명한 듯하다. '금쪽같은 내 아들' 을 자주 이야기 하셨는데 그런 아들에게 올 신분 상승이 달갑지 않다고 생각하는 며느리로 하여 좌절 된 것에 대한 끊임없는 푸념이지 않았을까 한다. 한편 시어머니로서는 어떤 며느리라 한들 다르지 않았을 것이라는 생각은 달리 할 수 없다.

돌이켜보면 시어머니 결혼 생활이란 그리 순탄하고 평화롭기만 한 행로는 아니었다. 내가 시어머니를 이해하고 그에 연민을 가질 수밖에 없는 오직 유일한 까닭이다. 또한 당신이 무한한 불심에 의지하고 사시는 이유이기도 하다. 장성한 작은아들을 앞서 보내야 했고 남편의 끊임없는 권위와 권력에 순응하며 사셔야 했다. 복잡한 시집 일에 얽힌 가족과의 갈등으로 평생 가슴앓이에 화를 안고 사셨다. 오로지 이것만을 생각하면 시어머니에게 가진 분노나 증오에 먼저, 마음이 시린 것만은 사실이다.

시어머니는 자그마한 체구에 남성다운 성향이 강한 분이다. 언짢은 일이 있으면 마음에 담아두는 일도 결코 없다. 그런데다 야무진 살림살이며 음식솜씨가 대단하여 매사 부실한 며느리가 더욱 마음에 들지 않을 수밖에 없었을 것이다. 언제던가 시어머니에게 가는 미움이 나를 견딜 수 없게 한 적이 있다. 늘 분노를 삭여야 하는 것이 갑자기 괴로웠다. 어머니가 나에게 잘해 주신 적은 없었을까. 단 한 번이라도 온화한 얼굴로 나를 다독여주신 적은 없을까. 기억을 더듬어 찾아낼 수만 있다면 제발 보은지심으로, 증오를 따뜻하게 녹이고 싶었다.

새삼 생각해 보면 나와 시어머니와의 관계를 유지하게 했던 것은 순전히 책임과 의무가 아니었을까 한다. 숨이 차 가슴이 눌리는 증상과 고질적인 위경련을 앓아야 할 만큼 결혼생활 동안 그 분은 치명적이셨다. 조금만 인간적인 모습이셨다면 고단했던 의무 대신 좋은 마음으로 시어머니를 외롭게 하지 않았을 것이라는 생각을 이제 와 해본다. 그 분 또한 며느리로 인한 상처가 없지 않았을 것이기 때문이다.

그런 분이 이제 변하고 있는 것이 보이신다. 기백과 강한 기질은 남아 있지만 수년 전부터 조금씩 약해 가는 모습이 나로 하여 시어머니에 대한 긴장을 늦추게 한다. 예전만큼 전화 음성에도 가슴이 뛰지 않고, 한해 몇 차례 들리시는 내 집 방문도 그다지 불편하지 않다. 정기적인 안부 외에도 진심으로 안녕이 궁금해 전화를 드리는 형편이다. 1분 통화가 힘에 겨웠는데 10분을 넘기는 일이 적지 않다.

시어머니는 이제 군에 간 손자를 그리워하시고 아들보다 손자 먹을거리를 챙겨 오시기도 한다. 똑 같은 "아 잘 있나?" 란 깐깐한 안부가 예전엔 아들이었는데 이제 부드럽게 손자를 지칭하시는 것이 되었다. 어쩌다 며느리 음색이 어두우면 걱정하시는 것이 역력하다. 가끔 "미안하다, 고맙다, 아프지 마라" 는 등 솔바람 같은 말씀도 하신다. 당신이 살아오신 이야기를 하실 때면 너는 그리 살지 마라기도 하시고 며느리가 어려웠다는 고백도 얼떨결에 하시고 만다.

오랫동안 시어머니께 가까이 가기를 거부했다. 그러던 내가, 집에 오셔서 며칠 계시다 가라는 말을 하고 불에 덴 듯 화들짝 놀란 적이 있다. 아니, 지금 무슨 말을 한 거야. 그 후 시어머니를 보듬는 마음이 조금씩 넉넉해지고 있다는 것을 깨닫는다. 이미 늙으셨고, 가진 것 없으시고, 생각만큼 그다지 아들에게 힘이 없다는 것을 알아채신 것 같아 이젠 가엾은 분이라는 것이 나를 녹녹하게 했는지 모른다. 물론 지나 온 날을 생각하면 아직도 시어머니 음성과 몸짓과 행위에서 벗어나지 못하고 있다. 어려운 상황을 이겨내지 못했던 내 어리석음 때문이다.

어느 듯 나도 당신이 며느리를 맞으셨던 그 나이가 되었다. 그리고 지금 시어머니 모습 또한 어딘가에서 나를 기다리고 있을지 모를 일이다. 세월은 흘러 서로 입장은 바뀌었고 내 형편은 많이 좋아졌다. 그렇게 좋아진 형편으로 형편이 못한 쓸쓸한 약자의 손을 어루만져 줄 수 있어야 될 텐데 아무쪼록 그럴 수 있다면 좋겠다. 그래서 어느 모퉁이에선가 나를 기다리고 있을 모습은 후덕하고 인심 좋은 누군가의 또 다른 모정이기를 바라고 바랄 뿐이다.

번뇌가 아름답다

가을비가 어제부터 종일토록 오더니 오늘도 쉽게 그칠 것 같지는 않다. 무엇을 해야 좋을지 잠시 고민에 빠지게 한다. 한없이 여유로워 지는 날이다. 언제나 그렇듯이 비가 오는 날은 무슨 일이 있어도 좋고 아무 일을 하지 않아도 마냥 좋은 날이다. 그런데 그냥 있으려니 어쩌다 얻은 공것을 놓치는 기분이 들었던 까닭은 무엇이었을까. 무작정 우산을 쓰고 가까운 이와 거리로 나갔다. 무슨 계획이 있었던 것은 아니고, 마음을 걸음에 맡긴 채 단지 느릿느릿 기웃대는 것을 즐기고 싶었다. 다소 익숙한 이름이 눈에 들어올 때까지였다.

'배형경' 이라는 이가 포함된 그룹전이 눈에 띄었기 때문이다. 말을 붙여본 적은 없지만 무심코 길을 가다 옛 동창을 만난 기분이었다고 할까. 몇 년 전 우연히 작가의 작품을 접했고 다시 딸아이를 통해 구체적으로 알게 된 작가다. 기성작

가라 하면 누군들 작가 의식이 그만큼이야 없겠는가마는 그는 유독 강열했다는 느낌이다. 그를 조금 더 안다 생각을 하니 제법 반갑기까지 했다. 비슷한 연배라는 것에서 오는 묘한 동질감과 동경이 앞서서였는지도 모른다. 그런데다 비 오는 날, 화랑 탐방이라. 동행한 이와 나는 괜한 멋스러움에 취할 만 했다.

처음 그녀를 만났을 때는 자식이 전공하고자 하는 분야기도 하였지만 약속 시간을 위해 시간을 보내야 했던 터였다. 어쩌면 후자보다는 전자에 대한 이유가 더 컸을지도 모른다. 그래서인지 언제부턴가 조형에 대한 친밀감이 많아졌다는 것을 알고 있다. 미술에 대한 취향이 아주 없는 것은 아니지만 관심을 가지고 챙기는 것은 굳이 그 때문이다.

당시에 부처를 주제로 했다는 전시장으로 들어가자마자 흉물스러움과 마주쳐야했다. 기억할 수 없지만 제목에서 이미 불교 사상을 감지할 수 있었는데 '자비로운 형상을 이렇게 끔찍하고 추악하게 표현 하는 것은 왜일까? 아름답고 따뜻한 것이 좋은데'. 이왕 온 것 마지못해 2층 전시장까지 돌고 나왔다. 이런 작품을 수용할 수 있는 곳은 도대체 어떤 분위기여야 할까 하는 의문이 들었다. 단순한 부처의 이미지에 적응한 나로서는 당연했을 것이다.

그런데 참 이상했다. 전시장을 나서 작품 생각을 하며 조금 걷는데 묘한 슬픔이 느껴지는 것이 아닌지. 생각까지 복잡하게 했다. 일행을 만나 작품 이야기를 했고 모두 동의하에 함께 들어가 한 바퀴를 다시 돌았다. 그런데 어둑어둑한 군상들이 이젠 말을 거는 것 같기도 하고 웅성대며 서로 이야기를 하고 있는 것처럼 가깝게 왔다. 투박하면서 거칠게

처리한 표피가 마음을 따뜻하게 했다. 자연스럽게 백팔번뇌가 생각났다. 온갖 고뇌와 번뇌가 나를 괴롭히는 것도 같았다. 어쩐지 눈물을 쏟아야 할 것 같았는데 목에서 올라오는 울컥한 것이 불편하게 했다.

여러 해 전쯤이다. 매일 절을 찾은 적이 있다. 불교 신자면서도 나는 좀처럼 불교 신자라는 말을 하기 어려워한다. 그다지 열심이지도 않을 뿐 더러 주변 열성 불자들 중에 크게 본을 보이지 못하는 이들을 보면서 불심에 책임을 져야 할 것이 부담스러워서다. 그런 내가 매일 불당에 들려 백팔 배를 하고 가끔씩 일천 배를 하고 왔다. 당연히 마음이 복잡할 때였는데 절을 하다보면 무아지경이 되어 모든 것을 잊을 것이라 믿었다.

그런데, 한 배 두 배 시작하자 벌써부터 머릿속이 요란해지기 시작했다. 쓸데없는 잡념들이 체인처럼 이어졌다. 별별 것들이 나를 귀찮게 꼬리에 꼬리를 물었다. 얼마를 잊고 염주를 몇 바퀴 돌리다 보니 그제 서야 머릿속이 하얘지면서 갑자기 서러운 것도 아닌 따뜻한 눈물이 쏟아지는 것을 느낄 수 있었다. 이런 저런 잡념들은 사라졌고 무엇인가에 들어가 나를 씻어내는 기분이었다. 누군가 나를 도닥이며 괜찮다고 이르는 것도 같았다. 그리고 나는 홀가분해 졌다. 물론 카타르시스인지도 모른다. 배형경의 작품을 다시 돌아보면서 이런 기분이 들었다면 지나친 감상일까.

처음 접했던 어색한 작품 감상이 이랬다면 오히려 이것이 작가의 작품 세계를 대신 했는지도 모른다. 그의 작품은 하나의 개체일 수 있지만 하나하나 떨어질 수 없는 전체를 말하기도 한다. 덩어리처럼 뭉쳐있는 것들이 내 인생, 내 삶 전부를 느끼게 했다. 양면과 양극. 삶과 죽음. 어둠과 밝음. 침묵과 웅변. 번뇌와 깨달음. 소멸과 생성. 영혼과 육체. 남성이기도 여성이기도 한, 그럴 수도 있고 아닐 수도 있는 모호함도 함께 있었다. 그런 것으로 보면 생각을 복잡하게 했다는 것과 일맥상통한 것이 아닌가 한다.

종교가 제각각 달랐던 우리 일행은 묘하게 고뇌와 번뇌를 그리고 삶을 이야기 했다. 긴 수행을 마친 것처럼 착하고 숙연해 지면서 나는 마음이 편안 했다. 그리고도 우리는 한참동안 말이 없었는데 쓸쓸하지 않았을까 한다. 오늘 또한 우리는 사는 게 별거냐며 다소 허무한 듯 해탈한 듯 초연한 경지에 닿은 느낌을 이야기했다. 조각에 크게 아는 바 없는 평범한 중년 여인들이 또 다시 이렇게 느꼈다면 작가가 바라는 메시지는 분명 이러할 것이리라. 정작 작가가 말하려는 예술적 미학의 난해함과 형이상학적인 부담감은 우리로선 알바 없는 일이다.

비가 오시는 날, 이렇게 나는 모처럼 뜻하지 않게 구도를 하고 환속 했다.

아들 돌아오다

비로소 아들이 제 페이스를 찾은 모양이다. 그런 지가 2~3일은 되었다. 제법 까불기도 하고 텔레비전 앞에서 뒹굴기 시작한 것이. 아침엔 여행을 다녀와야겠다며 엄마에게 이런 저런 주문을 하고 부탁도 한다. 눈치 보는 것 없이 예전처럼 제 하고 싶은 데로 모두 하고 있는 것처럼 보인다. 조금 달라진 것이 있긴 한데…. 정확하다 말할 수 없지만 나로선 흐뭇하기도 한, 어쩐지 그것으로 부족한 '무엇' 이 있다.

아들이 돌아왔다. 입대하는 날에 맞추어 정확히 24개월이 되어 제대를 하고 집으로 돌아왔다. 아들을 군에 보낸 모든 엄마들이 그렇듯이 나도 다름없이 한동안 안쓰러웠고 한동안은 그리웠다. 가끔 궁금하기도 했으며 어느 땐 잊기도 했고 서서히 잦은 휴가가 조금씩 귀찮아 질 무렵 제대를 했다. 그러나 제대를 손꼽아 기다린 것이 어디 저뿐이었겠는가. 입대하기 전부터 제대 날짜를 달력에 표해 놓고 짬짬이 습관처럼 들여다본 어미 마음을 알고나 있는지.

주말, 아들이 오는 날 누나는 동생을 위한 제대 축하 이벤트를 준비하느라 분주했다. 거실을 장식한 알록달록한 풍선에다 예쁘게 모양내어 붙여 놓은 축하멘트로 돌아와 기뻐할 녀석을 상상하고 있었다. 나는 나대로 저녁을 준비하는데 마음은 열어 놓은 현관으로 자꾸 갔다. 식구들은 녀석의 떠날 때 모습과 생각보다 빠르게 흐른 세월을 이야기하고 있었다. 그리고 그것만큼 변한 모습으로 돌아와 줄 녀석을 기대하며 다소 긴장하며 기다렸다.

아들은 제법 늦은 시간이 되어 현관에 들어섰다. 우리는 기다리다 지쳐 있었지만 당연히 반가움이 컸다. 그런데 무슨 이유일까. 경례로 인사를 마친 녀석이 생각만큼 크게 즐거워하는 모습이 아니다. 오히려 거북스러움이 스친다. 잠깐 당황했지만 가득 찬 풍선이며 창에 붙인 재미있는 카드들을 얼른 보여 주고 싶어 아이 손을 끌었다. 네가 집으로 돌아와 우린 너무 기쁘단다. 얼마나 돌아오고 싶어 하던 집이었겠니. 해방감에 벅차지? 집에 와서 기쁘지? 그렇게 채근하듯.

그날 새벽 아들은 끙끙 소리를 내며 앓았다. 토사에다 열까지 '올랐다 내렸다'를 반복하며 밤새 고생을 하더니 다음날 일요일엔 먹는 것까지 거부할 정도였다. 단순히 급체로만 생각하고 응급처치와 흰죽으로 하루를 보내고 나면 거뜬히 나을 줄 알았다. 준비한 저녁 식사를 제치고 환영의 의미로 외식을 했는데 그러고 보니 녀석은 먹는 둥 마는 둥했다. 우리와 두어 잔 한 것 외에는 특별히 무엇을 맛나게 먹은 것 같지도 않다.

자주 가는 가정의학과 의사는 스트레스에 의한 징후라고만 이야기 한다. 초등학교 4학년 때부터 보기 시작한 꼬맹이가 장성해 군에까지 다녀온 청년으로 자란 것을 보자 의사도 녀석이 남달랐나 보다. 기특하고 대견해서 오랫동안 나보다는 아들과 이야기를 나누었다. 물론 그 역시 염려가 깃든 덕담이었고 나로서도 수긍할 만한 좋은 말들이었다. 편하게 아이를 그냥 내버려 두라는 당부까지 부치며. 그러고도 아들은 하루 이틀을 더 앓았다.

그리고 엄마로서 많은 생각을 하게 했다. 아이 스트레스에 대하여. 처지를 바꾸어 놓고 생각해 보았다. 바뀐 환경에서 오는 소외감과 어찌 할 바 모르는 미래가 두려웠을 것이다. 책임져야 할 지금 자신의 위치가 걱정스럽기도 했을 것이다. 아이의 생각을 조심스럽게 물었더니 엄마의 생각은 거의 정확했다.

마지막 휴가부터 가까운 이들은 제대 후의 안부를 미리부터 물었다. 복학을 할 것이냐, 휴학을 더 해 네 시간을 가져보는 것도 좋지 않겠느냐, 군에 있을 때가 좋았지, 사회가 얼마나 무서운지 아느냐. 졸업 후 무슨 일을 할 것이냐. 이제 너도 아이가 아니다, 부모에게 의지할 때는 지났다. 만나는 사람들 마다 모두 그렇게 한마디씩 했다. 나도 한몫을 하여 군에 다녀온 친구 아들들을 들먹이며 지금 상황을 다소 과장되게 전하지 않았던가. 저녁 식사 중에도 예외는 아니었다.

아이는 제대 날짜가 가까이 올수록 걱정이 앞섰던 모양이다. 마침내 부대를 벗어나니 현실이 기다리고 있었는데 씁쓸하더란다. 함께 군 생활을 마친 동기들과 헤어지기가 아쉬워 오랫동안 좀 더 시간을 같이 하고 싶었다. 만나는 사람마다 재촉하듯 하는 인사가 매양 부담스러운 것뿐이다. 의사 선생님까지 이제 뭐할 거냐고 묻지를 않나, 내 편인지 알았던 엄마도 누구 아들은 지금 무엇을 하고 누구 아들은 어떻고. 어쩐지 제대를 한 것이 아니고 휴가 중인 것만 같고, 이곳에 아주 왔다고 생각하니 다시는 갈 수 없는 그곳이 그립고 함께 뒹굴던 대원들이 궁금하고. 모든 것이 어색하고 서운하더라고 했다. 낯선 소외감이 상처를 주었던 모양이다.

그 후 우리는 모두가 조심했다. 다소 아니꼬웠지만 아무튼 그래야 했다. 만날 사람에게 미리 사전 정보를 주고 부탁까지 했다. 그래선지 아이는 조금씩 나아져 부리나케 아르바이트 자리를 구하더니 나름대로 계획에 충실하려고 한다. 복학을 1년 후로 미루고 좀 더 의미 있는 일로 한 해를 보낼 생각을 하고 있는 것 같다. 확실히 의젓해지고 소신을 보이는 것으로 보아 예전만큼 어린 아이는 아닌 듯하다.

이미 선배 엄마들 경험으로는 이런 효과가 딱 한 달 간만이라는데 그도 그럴지 기다려 봐야겠다. 유난히 아이가 유약한 정신을 가지고 있는 것은 아닌지 이번 일로 내 아이를 새롭게 보게 된 것도 마음을 쓰게 한다. 그렇다고 한들 무엇보다 제 일이다. 이런저런 생각들이 본인만 하겠는가. 그저 지켜볼 수밖에 없는 노릇이다. 그러나 스물 셋, 얼마나 좋은 나이인가. 이제 시작해도, 새로 시작해도, 다시 시작해도 늦지 않고 실패를 해도 아름다울 나이다. 나로서는 부럽기만 하다.

신영숙
sophist427@hanmail.net

잊혀져있었다는 것이 어쩌면 행복한 일이었던 것 같다. 화려하게 수식할 일도, 자랑할 만한 일도 아닌데도, 실존하는 기억들…. 천진하게 뛰어놀던 그 어린 시절들. 다시는 찾을 수 없는 그 순수한 나의 웃는 모습은 어디로 갔을까. 잊었던 정서의 순간들이 감동으로 이어지니 행복해졌다. 행복은 순간인 것 같다. 다만 그 순간을 지속하고 또 찾으려고 사람들이 노력하는 것이 아닐까.

비의 터널에서

며칠 동안 끝없이 비가 내린다. 밤 낮 구분도 없는 폭우에 마치 비의 터널 안에 머물고 있는 것 같다. 연일 이어지는 비의 무게로 우울해 지는 시간들. 그러나 어제 다녀온 아트서커스 '레인' 공연을 보고난 후론 빗소리가 사뭇 경쾌하게 들리고 있다. 집안에서 하루 종일 빗소리와 어제 공연 후 구입한 CD음악을 들으면서 상념에 빠져도 좋을 시간이다.

이제는 제법 소녀티가 나는 딸과 함께 예약되어 있던 주말 나들이를 했다. 우산을 하나씩 펴고 딸과 비맞이를 시작하였다. 공연장에 가기도 전에 폭우로 구두가 젖고 등 뒤가 젖었지만, 비 내리는 날 집을 나섰다는 것만으로 발걸음은 즐거워지기 시작했다.

우연히 '태양의 서커스' 공연을 DVD로 보고서는 딸과 함께 감탄했었다. 마치 동화 속 꿈을 꾸는 듯 환상적이고 화려한 공연들은 상상력을 이끌어내는 것, 감각을 일깨우는 것, 감정을 이끌어내는 것 모두 그들의 의도대로였다.

이미 내가 알던 동물들의 재주나 어린나이에 완벽하게 묘기를 해서, 오히려 애틋함이나 동정심이 잔재하던 그런 느낌의 서커스 이미지는 아니었다. 캐나다의 아트서커스 서크엘루아즈의 'Rain' 내한공연은 반갑기만 하였다.

"Happiness? Is like rain~ !"

행복은 비처럼 잠시 왔다가는 것이라며 이야기는 시작되었다. 하나의 연극을 보듯 깊은 정서를 자아내는 연기자들의 자연스러운 웃음소리와 춤, 몸동작들뿐만이 아니라, 끝없이 이어지는 피아노연주와 탱고, 보사노바의 음악이 펼치는 진한 우수 너머로는, 알 수 없는 어두움이 드리워져 있었다. 인체의 아름다운 선들과 긴장감들, 그리고 미소 짓게 하는 퍼포먼스들. 그렇게 지난 일들을 회상하면 어둡고 뭔지 모를 슬픔이 배어 있는 것일까.

나도 점점 그들이 비추는 그 어둠으로 빨려 들어갔다. 애잔하기도 하고 때로는 절제된 듯한 음울한 탱고 선율과 무채색의 조명, 그리고 공연의 하이라이트인, 천장에서 쏟아지는 비. 무대는 온통 물바다였다. 어둠속에서 조명에 반사되는 물의 파장들과 물방울들의 빛들이 얼마나 아름다운지. 비오는 날 밤 가로등에서 보던 그 빗줄기도 보였으며, 신나게 역동적으로 움직이던 빗속의 놀이들은 타임머신처럼 나를 어린아이로 만들어주었다. 무대 위에 뿌려진 물위에서 물장구와 줄넘기하듯 몸을 던져 미끄러진다. 무대는 물론 객석에까지 보이지 않게, 물 파장을 일으키며 감동의 비가 내리고 있었다.

비가 내리던 날, 집 앞에서 웅덩이에 발을 적시며 조심스레 몇 번 건너뛰다가 이윽고 신발이 젖고 옷이 젖고 물놀이에 빠져서 아이들과 함께 놀았던 기억들. 그 웃음소리마저 들리는 듯 했다. 그때의 우리 집 대문, 우리 집 담장과 그 골목안의 어린 나…….

무대 위 역동적이던 빗속물놀이는 갑자기 한사람씩 정지하더니 어둠은 더 깊어가고 검은 실루엣으로 한사람만이 남게 된다. 그 순간 나는 내가 어릴 때 잊었던 그 기억들과 일치하면서 눈물이 나왔다.

잊혀져있었다는 것이 어쩌면 행복한 일이었던 것 같다. 화려하게 수식할 일도, 자랑할 만한 일도 아닌데도, 실존하는 기억들……. 천진하게 뛰어놀던 그 어린 시절들. 다시는 찾을 수 없는 그 순수한 나의 웃는 모습은 어디로 갔을까. 그때의 작은 일상의 기억들이 소중하고 아름다움이란 걸 새삼 깨닫는 시간이다. 예상치도 못한, 잊었던 정서의 순간들이 감동으로 이어지니 행복해졌다. 행복은 순간인 것 같다. 다만 그 순간을 지속하고 찾으려고 사람들은 노력하는 것이 아닐까.

때로는 숙연하게 지나온 날을 반추할 수 있게끔 유도하는 그 호소력과 엄숙하게 들려오는 허밍, 즐거운 시각뿐 아니라 마음껏 의미를 부여하는 분위기로 이끌어 간다. 모든 조명이 꺼지고 어두움으로 가려진 무대에 어린 나만 홀로 남아 있는 것 같았다.

동행한 딸아이는 빗속에서 흠뻑 젖으면서 만끽했던 그 놀이를 단지 무대 위의 공연으로만 보리라. 연출 속에 숨어 있는 의도 같은 건 모를 것이다. 글쎄다, 훗날 어느 비오는 날, 오늘 엄마와의 외출을 떠올릴 순간이 생길까? 추억 속으로 들어가서 놀이에 동참하라는 무언의 권유들, 곡예사들이 무대 바닥에 온몸이 젖도록 수없이 몸을 던지듯 나또한 그 빗속에 있었다. 행복은 자신의 내면에 있음을 깨닫는 순간에 비로소 시작되는 것이다. 오늘도 비는 내린다. 내 귀는 밝아지기만 하고.

지금, 음악을 듣지요

새로 단장한 음악실 공간 한 켠에 LP판이 가득합니다. 국화꽃 은은한 향기가 풍겨 오는 실내를 찬찬히 둘러봅니다. 일상을 잠시 잊게 하는 모처럼의 외출이 여유롭습니다. 한참 동안 나를 앉아 있게 하는 건, 안락한 의자가 아니라 음향 좋은 스피커 때문인 것 같습니다.

음악이 흐르는 편한 자리에서 나누는 대화는 내 마음속을 바삐 드나듭니다. 오랜만에 마음길이 열리는 지 어느 詩의 행간에서 주고받았던 사념도 있고 나를 힘들게 한 무게감도 오랜만에 다 털어내는 것 같습니다.

내가 언제 들었나 싶은, 올드 팝이 전하는 자극들로 자연스레 지난날을 떠올리게 합니다. 그렇다고 특별히 무슨 음악을 좋아하거나 음악에 얽힌 사연이 있는 것은 아니지만 정담을 나눌 수 있으니 무엇을 들어도 좋은, 그 마음이 참으로 좋습니다. 귀가 즐거우니 모든 것들이 유유하기만 합니다.

기억을 더듬어 낯선 음악들과의 어설픈 만남을 떠 올려보면 어린 시절 처음 들었던 팝송은 어찌 보면 신세계로 가는 첫 걸음이었습니다. 영어와 다른 느낌을 알게 해준 메르사데스 소싸의 정의감 어린 목소리나, AFKN 라디오에서 들려오던 보사노바……. 근간에는 라틴음악이 나를 사로잡고 있습니다.

먼 나라 사람들의 뜻 모를 노랫말들을 듣고 있다 보면 음악이라는 제 3의 언어로 자연스레 통역이 되곤 합니다. 기분을 상승하게 하는 묘한 물질이 흐르는지 더러는 아주 깊이 빠져 있게도 합니다. 세계 공통어라고 말하는 음악의 힘은 위대하여 비틀즈 '신화'라는 표현을 쓰기도하고 글루미선데이라는 우울한 노래는 기이한 사회현상을 낳기도 합니다

음악은 소리가 아니라 어떤 파장일지 모릅니다. 삶의 배경에 음악이 차지하는 양은 얼마나 될까요. 음악은 애호하는 것이 아니라 우리 삶에 공기와 같은 존재가 아닐까요. 음악으로 만나는 마음의 여정들을 잠시 뒤로하고 물어봅니다.

뭐하세요? 지금, 나는 음악을 듣고 있지요.

그곳에 가 서 있고 싶은 날

자고 일어나서 제일 먼저 눈길이 가는 곳은 언제나 베란다 창밖이다. 비는 내리고 있고 하늘은 어두우니 종일 비의 무게에 덮일 거 같다. 건조하기만한 집안에 초록나무 두 엇, 작은 화분을 베란다에 놓아두었으나 어느새 나무들은 풍성함을 잃고 나만 바라보고 있다.

이름 모를 작은 화분 두 개가
내 가슴을 덜컹덜컹 흔들어 놓는 아침
봄날, 화사한 꽃들 천지
요것들 좀 보세요
당신 앞에 심어놓으려고 달려가기를 두 시간
굳어버린 땅처럼 말없으신 모습 바라보다
모종삽으로 힘주어 흙을 파헤치는데

따라 나오는 혼잣말들
내가 잘못하고 있죠, 참 미안해요
차마 그리운 말은 하지 못하고
꽃을 묻듯 다독거리기만 한다

산소에 심고 난 작은 분 두개를 집에 가져왔다. 그새 베란다에서 빨갛고 작은 꽃망울들이 피고 졌다. 같은 꽃을 바라보는 마음에서였을까, 긴 여름 날 지루한 오후를 잊게 하는 꽃이다.

사람들은, 사람을 떠나보내면서 많이도 운다 한다. 나는 그 말도 모르고 그 뜻도 모르는 것처럼, 돌아가신 아버지를 생각하면 웃음이 먼저 나온다고 했었다. 정말이다, 아버지를 떠올리면, 내게 늘 함께 해주시던 생각에 웃음이 나오니까. 그리고 내가 웃는 걸 보시면서, 당신께서도 좋아하실 거 같으니까.

그런데 참 이상하다. 얼마나 시간이 흐른 것일까. 얼굴은 웃기도 하지만 눈물이 주체할 수 없이 흐를 때도 생긴다. 부녀지간으로 지낸 세월을 생각하면 이즈음처럼 매일매일 이야기하고 바라본 적도 없는 거 같다.

한동안, 멀리 가셨다고 내 귀는 듣고 있었지만 늘 친정집에 머물고 계신 것처럼 마음은 그랬었다. 돌아가신지 여러 해가 지났건만 일상에서 아버지를 만나는 건 어렵지 않은 일이 되었다. 특히나 오늘처럼 비 내리는 날은 그 곳에 가서 마냥 서 있고 싶다.

유재경

yjkung22@hanmail.net

화살은 포물선을 그리며 뻥 뚫린 창공을 따라 포물선을 그리며 쌩 하고 날아간다. 그 순간 적중의 여부는 이미 느낌으로 와 닿게 마련이다. 염원을 받은 화살은 마치 과녁에 빨려 들듯이 시원스럽게 맞고 튕겨 나와 풀밭에 던져진다. 잠시 후 텅하는 둔탁한 소리가 내 귓가에 과녁으로부터 들려온다. 그 때의 기분은 마음먹은 대로 일이 풀려 나갈 때 느낄 수 있는 후련함과 흐뭇함이 있다. 그럴때면 양 입술이 살짝 올라가면서 나도 모르게 회심의 미소를 짓게 된다.

오토바이에 대한 단상

내가 오토바이를 타기 시작한 것은 중학교 이 학년 정도인 것 같다. 그러니까 1965년도쯤이라고나 할까. 40여 년 전 이야기다.

40년 전, 보리 고개가 성행하던 시절, 요즘 같이 더울 때면 대청마루에 앉아 막내 누나가 쪄온 감자와 옥수수로 점심을 대신하곤 했던 그런 시절이다. 그 시절은 우리나라에서 오토바이를 생산하기 전이다. '기아 혼다' 라는 오토바이가 나온 것이 아마 60년대 후반이었을 테니까 말이다. 당시의 오토바이란 자전거에 미군부대에서 나온 소형 엔진을 달아 만든 보잘 것 없는 오토바이가 전부였던 시절이다.

공무원이셨던 아버지가 타고 다니던 그 자전거 오토바이를 몰래 타면서 나의 오토바이 역사는 시작 된 셈이다. 그 후 기아 산업에서 오토바이를 만들면서 비록 소형이지만 제대로 된 오토바이를 타게 되었는데 그도 역시 아버지의 오토바이를 몰래 훔쳐 타는 것이었다. 비포장 길, 산길을 따라 곡예부리 듯 잘도 타고 다녔다. 이따금 넘어져 오토바이를 망가뜨리기도 해서 아버지의 눈살을 찌푸리기도 했다. 그러나 아버지는 늘 오토바이 열쇠를 감추지 않으시고 오토바이에 그냥 끼어 놓으신 것을 보면 내가 오토바이를 타는 모습이 싫지는 않으셨던 모양이다.

아버지는 80세 초반까지 오토바이를 타시었다. 그 몇 년 전부터 근력이 떨어진 탓에 종종 사고를 당하시기도 했다. 결국 걷기조차 힘이 드신 그 때가 되서야 주변의 강요에 할 수 없이 오토바이를 놓으신 적어도 오토바이에 대해선 고집불통이신 아버지였다.

젊은 시절 나의 오토바이에 대한 집착도 만만치 않았다. 그 때 나의 소원이 내 오토바이 한 대 갖는 것이었을 정도였으니 말이다. 스물여섯이 되어 울산에서 첫 직장 생활을 시작하면서 작은 봉급으로 모아 살 수 있는 것이 90cc 중고 오토바이였다. 당시에 90cc면 국산 중에 가장 강력한 오토바이인 편이었는데 나의 오토바이는 도깨비 오토바이라고 불리 울 정도로 치장 거리 없는 뼈대만 갖춘 오토바이였다. 그 오토바이를 타고 울산 주변의 모든 산길을 다 돌아 다녔을 정도로 주말이면 산과 해변을 따라 오토바이를 홀로 즐겼다.

나는 오토바이로 아스팔트나 시내의 길을 타는 것을 애초부터 좋아 하지 않았다. 그냥 시골길이나 산길 같은 비포장 흙길을 좋아 했다. 그래서 요즘의 '뺑카' 라는 스피드 용 오토바이 보다는 산악용 오토바이나 오프 로드 오토바이, 예를 들면 한참 젊었을 때는 썸머 타임 킬러에 나오는 크리스 밋

첨이 탔던 산악용 오토바이를 좋아 했고, 나이 들어서는 '이지 라이더'에 나오는 피터 폰다의 아메리칸 쵸퍼같은 스타일을 좋아 했다. 비록 잡지를 통해서 눈으로만 좋아 할 수밖에 없는 입장에서도 말이다.

직장을 서울로 옮기고 더욱이 결혼해서 서울 생활을 하게 되면서 오토바이는 내게서 멀어 질 수 밖에 없었다. 하지만 늘 오토바이 잡지를 보면서 오토바이에 대한 관심은 떠나지를 않았다. 그 사이 오토바이를 타지 않게 된 이유는 마음에 드는 오토바이 한대 마련 할 경제적 여유도 없었지만 시내길을 헬멧을 쓰고 오토바이를 탄다는 것이 싫은 탓이었다.

내게 있어서 오토바이의 매력이란 박진감 있는 힘과 거칠 것 없는 자유로움이었다. 오토바이는 비록 덩치는 작지만 그에 비해 마력이 높아 자동차에 비해 가속력이 뛰어 날 뿐 아니라 자전거처럼 날씬한 체구로 어디든지 거침 없이 다닐 수 있는 특징이 있다.

숲속 산길을 따라 공기를 가르며 얼굴과 몸에 스치는 상쾌한 기분은 무엇에 비할 수 없을 정도로 타 본 사람만이 그 기분을 알 수 있을 것이다. 한창 젊었을 때 오토바이로 급커브를 돌아 흙 길을 파헤치며 내 달리기도 하고 구릉지를 점프하듯 날아 달리기도 했다. 겨울이면 눈 내린 산길을 따라 스치듯 미끄러져 휘돌아 달리며 스릴을 마음껏 즐기기도 했다. 하긴 그 시절 오토바이는 내게 응어리진 내면적 허기를 마음껏 발산 할 수 있는 유일한 수단이기도 했다.

언제부터인가 우리나라에 오토바이 숫자가 늘면서 헬멧 미착용을 단속하기 시작했다. 그 때 나는 분개 할 정도로 그에 대해 반대를 했었다. 교통 단속이란 상대에 위협을 줄 경우에만 단속하면 될 것이지 자신의 안전에 대한 것은 본인이 알아서 해야 할 문제인데 단속을 왜 하느냐며 기본권 침해라는 이유로 몹시 못마땅하게 생각 했었다. 하긴 아직도 안전띠에 관해서 마찬가지 입장이기는 하다. 그냥 내버려 달라고…….

지금도 길가에 세워 놓은 멋진 오토바이를 보면 그냥 지나치지 못 한다. 투두둥하며 대형 오토바이가 내는 엔진소리만 들려도 창밖을 내다보며 이를 부러워한다. 다시 오토바이를 타 볼까 하는 생각이 이따금 떠오르기도 하지만 그럴 때마다 이에 대한 욕망을 가로 막는 것은 나이 들어 자신감이 없는 것도 탓이겠지만, 탈 곳이 없는 길, 건조한 아스팔트와 복잡한 자동차 행렬, 그리고 답답한 헬멧 탓이 더 큰 것 같다.

지금도 가평의 창고에는 한 동안 타고 다니던 고물 할리 오토바이가 주인을 기다리고 있다. 마음 같아 선 당장이라도 티벳 같은 황량한 벌판을 쵸퍼를 타고 긴 머리를 흩날리면서 유랑이나 했으면 싶다.

활쏘기

지금도 본가에 가면 대청마루에 괘종시계 하나가 걸려 있다. 왜정 때 활쏘기를 즐겨 하셨던 할아버지께서 활쏘기 대회에서 상으로 받아 오신 것이라 한다.

내가 어렸을 때에도 집에서 각궁을 다루시는 아버지를 늘 볼 수 있었는데 할아버지에 이어 아버지가 활을 쏘시고 지금 내가 그 활을 다시 이어 쏘고 있으니 결국 우리 집안에는 삼대에 걸쳐 활량의 맥을 잇고 있는 셈이다.

나는 그냥 활쏘기가 좋아서 활을 쏜다.

이 시대에 있어서 활은 국궁과 양궁 두 가지로 분류 할 수 있다. 국궁은 우리의 전통 활로 사정에서 쏘는 궁도를 말하며 양궁은 세계적으로 공인된 궁도로서 올림픽 때면 우리가 금메달을 휩쓸어 오는 활쏘기를 말한다.

나의 활쏘기는 국궁을 뜻한다. 이 국궁을 위해서 우리나라에는 대한궁도협회가 있고 그 산하에 수백 개의 궁도장이 전국에 산재되어 있다. 궁도인의 숫자도 수 만 명에 이른다고 한다. 일 년에 전국에서 치러지는 궁도 대회만 해도 사십여 회는 이를 정도로 이의 활동이 비교적 활발한 편이다.

궁도장의 일번지라고 하는 서울 사직공원내의 황학정은 가장 대표적이고 유서 깊은 궁도장이라 할 수 있다. 내가 처음 궁도에 입문한 것은 13년 전 '송호정'이라는 궁도장이었다. 그러나 그 곳에서 한 이년 동안 활을 쏜 후 나의 '개벽시대'를 맞이하면서 십 년을 쉴 수밖에 없었다. 그리고 지난해 칠월, 꼭 일 년 전에 다시 궁도를 시작하게 되었으니 나는 아직 초보의 수준을 넘지 못했다고 볼 수 있다.

국궁의 역사는 수천 년 혹자는 수 만년에 이른다고 말 할 정도로 그 역사가 깊다. 우리의 활에는 단순히 단궁과 맥궁으로 구분 할 수도 있다. 단궁이란 고조선 시대부터 이용 해 온 단순히 나무로 된 활을 말하고, 맥궁은 일종의 합성궁으로 부여 시대부터 사용 되었다고 전해지는데 지금 각궁의 시원이라고 할 수 있으며 동북아시아의 각 민족이 쓰던 대부분 활의 원조이기도 한 것 같다.

각궁은 그 재료에서부터 특징이 있다. 물소뿔, 대나무, 쇠심줄, 민어부래, 뽕나무, 벚나무 껍질 등 모두가 자연에서 그대로 채취되는 일종의 유기물로 이루어져 있다. 그 제조 방법은 지금도 옛날의 전통방법을 고수 하고 있으며 대부분 수작업으로 제작되고 있다. 시대의 변천에 따라 플라스틱 재료로 만든 개량 궁이 개발되어 지금은 많은 사람들이 저렴하고 다루기 쉬운 이 개량궁을 사용하는 편이다. 고가이며 다루기 까다로운 각궁은 명궁을 비롯한 전통문화에 관심이 많은, 국궁 지킴이라고 할 수 있는 각궁 애호가에 의해서 사용되고 있는 셈이다.

각궁과 개량 궁은 가격 외에 그 성능과 체감에 있어서 커다란 차이가 있다. 각궁이 유기체 활이라고 친다면 개량 궁은 화학 소재로 만든 무기체라고 볼 수 있다. 각궁은 숙련된 활량에 의해서 다루어져 자신에 맞게 조절해서 쏘아야 하는 활을 다루는 또 하나의 기예가 필요하다. 이에 반하여 개량 궁은 그냥 시위를 얹어 바로 쏠 수 있을 정도로 간편한 활이다. 그것은 각궁은 온도와 습도에 매우 민감하게 작용하므로 보관에서 활 이루기까지 각별한 주의가 필요하며 활을 이룬 형태에 따라 그 성능이 달라지기 때문이다. 그래서 각궁은 그 주인 외에 손을 대지 않는 것이 상례일 정도로 활 쏘는 궁인과 활이 일체가 되어 활쏘기가 이루어져야 하는 것이다.

어쨌든 각궁은 그 맛을 보면 다시는 개량 궁이 손에 잡히지 않을 정도로 탄성이 탁월하고 화살이 시위를 빠져 나갈 때 느끼는 느낌이 짜릿하게 느껴 질 정도로 매력적이다.

국궁은 사대와 과녁까지 145m의 먼 거리를 두고 화살로 이를 맞추는 것이다. 지금도 행사 때에는 과녁에 적중 할 때마다 국악인들이 '지~화자'를 불러주며 이를 축하 해 주는 것이 전통이다.

시위를 떠난 화살은 약3~5초라는 긴 시간을 통해 하늘을 뚫고 긴 포물선을 그리며 과녁을 향해 날아간다. 과녁의 크기는 대략 절간 대문 한 짝 만 한 비교적 큰 편이다. 하지만 먼 거리라서 숙련된 궁사도 이를 맞춘다는 것이 결코 쉬운 일은 아니다.

활쏘기는 항상 화살 다섯 대인 '한손'으로 시작한다. 그리고 '한손' 을 쏘고 난 후 얼마간 쉬고 난 후에 다시 그 다음 '손' 을 시작한다. 일반적으로 활은 세 사람 이상이 함께 쏘는 것이 좋다고 한다. 적당한 간격을 두고 무리함이 없이 화살을 내기 위함이다. 그렇듯 활은 온몸의 힘을 힘껏 모아 일순간에 힘을 빼는 기氣 운동이기도 하다. 그래서 어느 궁사도 자신의 컨디션인 기운의 충만도에 따라 그의 시수가 들쑥날쑥하게 마련이다.

활쏘기의 특징은 역시 전신 운동에 있다고 한다. 당기는 팔의 힘만으로 되는 것이 아니라, 발끝에서 머리끝까지 고루 힘을 주고 그 힘을 단전에 모았다가 화살이 시위를 떠나는 순간 온 힘을 풀기 때문이다.

시위를 떠난 화살의 정확도는 자세와 마음에서 온다고 한다.

그래서 활쏘기의 자세에는 非丁非八, 前推泰山, 胸虛腹實 등 이의 준칙이 있는데 이들 활쏘기 기본자세가 완비 되었을 때 화살은 과녁에 정확히 맞는다. 지나치게 과녁에 집착하는 것은 화살이 뒤 나거나 과녁을 넘기 십상이다. 과녁에 집착한 나머지 자신의 자세를 보지 못했기 때문이다. 결국 몸과 마음이 평정을 이룬 정중동의 기예가 활쏘기라 할 수 있을 것 같다.

양궁이라고 하는 활쏘기는 과녁과의 거리가 50m에 불과하다. 화살이 과녁을 향한 시간은 불과 촌각이고 시위를 떠난 화살은 거의 직선으로 날아간다. 더 가고 못가는 일은 없이 오직 조준에만 의존하게 되는 것이 양궁이다.

그것에 비해 과녁이 먼 국궁은 시위를 떠난 화살이 포물선을 그리며 날아서 한참이 지난 후에 과녁에 맞고 뒤 이어 쿵 하는 소리를 낼 정도로 화살은 빠르지만 여유가 있다.

활을 쏜 궁사는 자신이 보낸 날아가는 화살을 응시하면서 과녁에 맞아 주기를 마음으로 바라게 마련이다. 하지만 어떤 때에는 바람이 불어와 화살을 옆으로 밀어 내기도 하고 더 보내기도 한다. 더욱이 화살이 나르는 궤도는 곡선이어서 덜 나가기도 하고 혹은 더 나가서 과녁에 맞지 않을 수도 있다. 양궁에 비해서 이렇듯 변수가 많기에 자세와 마음 다스림에 각별한 주의가 필요한 것이 국궁이라 할 수 있겠다.

실재로 국궁의 활쏘기는 다음처럼 이루어진다.

사대射臺에 서면 발끝에서 머리끝까지 우선은 자신의 몸자세를 마음으로 돌아보아야 한다. 그리고 시위에 화살을 먹이고 심호흡을 한 후 활을 물동이를 이듯 머리 위로 높이 올린다. 과녁을 바라보며 온 몸에 고루 힘을 주고 숨을 멈춘 후 시위를 당기면서 마지막으로 그 힘을 단전에 모은다.

과녁을 직시한다. 한편으로 나의 자세하나 하나를 확인 하면서 조준하고 줌손은 태산을 밀듯하며 깍지 손은 호랑이 꽁지를 낚아채듯 신속하게 그러나 마음은 여유 있게 화살을 낸다. 온 몸의 힘이 다시 이완되면서 마음은 날아가는 화살에 염원을 불어 넣는다.

화살은 포물선을 그리며 숲속 사이 뻥 뚫린 창공을 따라 포물선을 그리며 쌩 하고 날아간다. 그 순간 적중의 여부는 이미 느낌으로 와 닿게 마련이다. 염원을 받은 듯 화살은 마치 과녁에 빨려 들듯이 시원스럽게 맞고 튕겨 나와 풀밭에 던져진다. 그리고 잠시 후 텅하는 둔탁한 소리가 내 귓가에 과녁으로부터 들려온다. 그 때의 기분은 마음먹은 대로 일이 쉽게 풀려 나갈 때 느낄 수 있는 후련함과 흐뭇함이 있다. 그래서 화살이 맞을 때면 양 입술이 살짝 올라가면서 나도 모르게 회심의 미소를 짓게 된다. 그런 일이, 마음먹기에 따라서 또 상반된 일이 거듭되는 기예가 활쏘기이다.

국궁의 특징은 특히 포물선에 있는 것 같다. 화살이 포물선을 그리기에 기다리므로 염원을 갖게 되고, 바람등 주변의 영향을 받으므로 풍세를 관찰해야 하며, 과녁을 넘거나 못 미치는 경우가 있어서 적당한 포물선을 만들어야 한다.

특히 포물선을 만드는 결정은 개인에 따라 다를 수밖에 없는 즉 자신의 신체적 조건과 활의 특성에 따라 알맞은 포물선을 만들어야 하는 주관적 요소이므로 각자의 창의력이 필요한 부분이기도 하다.

국궁에서 만작이라는 말이 있다. 양궁은 적당한 힘으로 당기지만 국궁은 온힘을 다해 온전히 당긴다고 할 수 있다. 그것을 만작이라고 하는데 흐트러짐이 없이 만작의 상태를 끝까지 유지하기가 만만치 않다는 것이 또한 국궁의 특징이다.

만작의 상태에서 모든 자세가 흩어 지지 않고 시위를 놓는 순간 마음의 평정을 유지 해야만 하는 정중동의 마음가짐이 필요하다. 그래서 국궁은 도라고 일컫고 심신의 수련에 도움이 된다고 해서 옛날 선비들의 필수 수행 기예였던 모양이다.

시위를 떠나 포물선을 그리며 날아가는 화살에는 여러 가지가 담겨 있다.

궁사의 염원, 속도, 방향(좌우, 상하의 2차원적), 질량이 그 것이다. 이 네 가지가 과녁의 적중을 결정하는 요인으로 어느 한 가지 미흡하면 과녁을 벗어나게 된다. 이 네 가지를 만작의 상태에서 적절히 조절 할 수 있기 위해서는 활과 화살의 선택, 발에서 머리끝까지 신체 각 부분의 자세 유지, 환경적 변수에 속한 풍세를 감안한 조준, 시위를 놓는 순간 욕심을 버리고 흩어짐 없는 마음의 평정 유지 그러나 적중하려는 강한 집념, 이들이 활쏘기의 필수 요건이며 또한 매력이라고 볼 수 있다.

결국 활쏘기란 너무 어렵게 생각 될 수도 있겠지만 실재로는 이 모든 것이 훈련에 의해서 몸과 마음에 입력되어 혼연일체의 조화 속에 자동적으로 실행되는 일이니 걱정할 일은 아닌 것 같다. 인생살이도 마찬가지 이듯이…….

씨애틀 킬러

'씨에틀 킬러' 라는 별명을 가진 친구가 하나 있습니다.

이젠 머리마저 제대로 자라 꽁지머리까지 한 턱수염 부리 친구 입니다. 이십 여 년의 미국 이민 생활을 청산하고 몇 년 전부터 세 자매를 둔 가족과는 별거하며 저기 무안의 해제라고 하는 외딴 곳에 교장 겸 선생 겸 학생 겸해서 학교 운영을 하며 낡은 폐교에서 유유자작 하는 친구입니다.

키는 훤칠하고 친 환경 섭생 탓으로 깡마른 체격에 한편 야생미 넘치는 친구이기도 합니다. 누구든 한 번 만나 대화하면 쉽사리 범상치 않은 그 친구의 분위기에 색다른 감응을 얻을 수 있는 순수 자연산의 매력이 넘치기도 하는 어찌 보면 도사 갖기도 하고 뒤돌아보면 거지같기도 한 친구이지만 그 안에 넘치는 내면적 감성을 보면 여인에게 있어서 왜 그 친구가 씨에틀 킬러인가 하는 의문이 풀어 질 수 있는 그런 사람입니다.

너무 더워 집안에서 꼼짝 않고 지내다 문득 씨에틀 킬러 생각이 났습니다. 모처럼 전화를 했었죠. 지치고 한편 상기된 친구의 목소리는 한창 포도를 따고 있는 중이라며 역시 더위에 대한 저의 안부를 묻더군요.

몇 년 전 친구는 그 곳 해제에 한 천 평 되는 포도밭을 장만 했습니다. 그 곳의 생활이 무료하기도 하고 생활비도 벌어야 쓰겠다는 취지였지요. 비닐 하우스 포도밭이라 무공해에 포도를 조기 출하 할 수 있는 부가 가치 높은 영농의 기대를 갖고 장만했다고 했습니다. 그런데 지난 겨울 폭설로 비닐하우스가 폭삭하고 말았지요. 겨우 군인들의 피해복구 지원을 받아 비닐하우스 철거는 하긴 한 모양입니다.

그 밭에서 폭염을 받으며 포도나무에 포도가 막 영글어 가고 있는 모양입니다. 송알송알 영그는 보라 빛 포도 알을 보며 친구의 감동은 이루 말 할 수 없었던 모양입니다. 농사라곤 처음 해 보는 실은 피난민 출신의 서울 토박이거든요. 이제 겨우 말갛게 익어가는 포도 알을 따서 입에 넣는 순간 친구의 입에 도는 포도 맛은 상상을 초월했을 것입니다. 시고 떫은 맛은 새콤하게 느껴지고 막 익어가는 단 맛은 꿀맛처럼 입 속을 감돌고 있었던 모양입니다.

"야 ! 포도가 무지 맛있어" 하며 전화 속에 애기하더라구요.

"어이, 그럼 한 상자 따서 내게 택배로 좀 보내려무나." 하고 응수를 했죠.

며칠 후 택배회사에서 전화가 왔습니다. 무안에서 온 포도 한 상자를 아파트 경비실에 맡기어 놓았으니 찾아 가라는 것이었지요. 마침 나는 멀리 있었고 집은 비어 있는 상황이어서 직접 받을 수 없었기 때문입니다. 저녁 늦게야 집에 들어섰는데 문을 열고 마중을 하는 딸아이의 모습이 걱정이 태산 같아 보였습니다. 경비실에서 인터폰을 받고 포도 상자를 받아 왔는데 그 곳에서부터 구박을 받았다는 겁니다.

"시큼털털한 냄새가 코를 찌르니 어서 가지고 가라고……."

딸아이는 이미 사과 상자만한 상자 속에 가득 들어있는 포도를 정리하고 있었는데 부패해서 냄새는 코를 찌르고 날 파리 같은 벌레는 사방을 날아다니며 정신이 없는데다 날씨는 더워 후텁지근하니 난감하기 짝이 없었던 모양입니다. 포도는 송이에서 다 떨어져 뭉개진 체 상자에 그득 했습니다. 푹푹 쪄 오르는 열기와 시큼한 냄새, 날아오르는 포도 벌래 때문에 내가 보기에도 속수무책이었습니다.

그래도 친구가 보내 준 정성스런 포도라 생각해서 그 중 비교적 검게 익은 포도 알을 하나 따 입에 넣었지요. 따뜻하고 상큼한 익다만 포도의 그런 맛이었습니다.

친구에게 고맙다는 전화를 해야 했습니다. 친구는 "냉장고에 넣고 시원하게 해서 먹으면 무지하게 맛있어." 라고 합니다. "그래~ 잘 먹겠는데 다음엔 잘 익은 것으로 조금만 보내" 라고 귀 뜸을 했습니다.

며칠이 지나자 택배에서 또 전화가 왔습니다. 무안에서 온 택배를 오전 10시경 배달하겠노라고, 역시 사과상자 만한 종이 박스에 이번에는 청포도가 한 상자 가득 했습니다. 그리고 상자 바닥엔 찰옥수수가 한 열 자루는 놓여 있었습니다. 지난번에는 사흘이나 걸려 왔지만 이번 것은 바로 전 날

보냈는지 상태가 비교적 양호한 편이었지요. 입안에서 상큼하게 터지는 연두 빛 청포도의 작은 알알이 참 예쁘더군요.

우선은 더 상하기 전에 이웃에게 나누어 주어야만 처리가 될 것 같아 먹을 것만 남겨 놓고 허겁지겁 이웃에게 나누어 주었습니다.

친구에게 다시 감사의 전화를 했습니다. 전화를 받은 친구는 몹시 피곤한 듯 했습니다. 포도를 따느라 더위에 지치고 얼마 전 치료한 어금니가 다시 고름이 들면서 지난밤엔 치통으로 무지 고생 했던 모양입니다. 이젠 포도 그만 보내겠다고 하더군요.

"이 사람아 이제 늙은 탓이니 몸 조심 해야 돼……."

자신은 행복하다고, "별이 있어 좋고, 바람이 있어 좋고, 바다가 있는데 외로울 리가 있겠는가?" 하고 친구는 늘 반문하지만 사람을 외면하고 홀로 지내는 친구는 분명 가엽기 그지없는 사람인 것 같습니다.

시국 보기

주변의 정세가 너무 복잡하게 돌아가 이따금 혼란스러울 때가 많다. 특히 요즘 같이 국민 경제가 어려워지면 이곳저곳에서 불만이 봇물처럼 터져 사회적 비판의 목소리가 커지면서 더욱 그러하다. 글로벌 세계라고 하는 이 지구촌은 과거 어느 때 보다도 복잡하고 긴박하게 변화 해 가는 것 같다.

구 소련이 러시아로 재편되어 경제적으로 안정된 모습을 구축하고 있으며, 중국은 자본주의 경제 체제로 돌변해서 경제적으로 세계의 중심적 위치를 차츰 잡아 가고 있다. 그리고 미국은 냉전시대가 종식된 이후 세계의 경찰국가로 자칭하며 세계 질서의 중심에 서 있고, G8이라고 하는 서방 선진국 그룹이 세계질서의 조정자로서 나름대로의 역할을 확대해 나가고 있는 것 같다. 이토록 지구촌은 강대국을 중심으로 편성되어 있으나 군사력과 정보통신과 같은 과학 문명의 발달로 과거와는 양상에 많은 차이가 있는 것 같다. 우선은 모든 것이 신속하게 작용하므로 그 대응 속도가 빠르다. 그러나 한편 핵무기와 같은 가공할 만한 위력 때문에 강대국 간의 무력 충돌은 피 할 수 있는 장치가 마련되었다고 볼 수 있다. 첨단 문명을 앞세운 글로벌 세계는 그 어느 때보다 경제적 풍요를 누리고 있으나 무한 경쟁시대에 돌입 했다고 해도 과언은 아닐 정도로 그 경쟁이 치열하다. 이들 경쟁 속에서 에너지의 확보는 국가 간에 가장 중요하다. 따라서 에너지를 위한 각종 형태의 쟁탈 전쟁은 끊이지를 않는다. 특히 13억의 인구를 가진 중국의 에너지 수요가 폭발적으로 늘어나면서 그 도화선이 되기에 충분했다. 이미 석유가격은 70달러를 넘어서 불과 수 년 사이에 세배 정도 인상 되었으나 그 끝이 보이지 않을 정도로 석유 가격은 수그러들 가능성이 보이지 않는다.

종교와 민족 간의 갈등은 막강한 무력과 권력에 의해서 고개를 들기 어렵게 되기는 했다. 이라크 전 그 이후 세계의 화약고라 하던 중동지역은 미국의 일방적 승리로 이스라엘의 안전을 보장하게 되어 종교 간의 충돌을 억제 할 수 있게 되었고, 중국을 비롯한 각 민족 간의 갈등 역시 글로벌이라는 명분과 정보력을 바탕으로 막강한 중앙 권력에 의해서 우선은 잠잠할 수밖에 없을 것 같다. 경제가 우선되는 국제 사회에 있어서 그 갈등의 원흉은 부라고 하는 경제력의 이동이다. 그 동안 서방세계에 의해서 대부분 장악되던 경제력은 우리나라 일본 홍콩 싱가포르 등 아시아 국가에 의해서 잠식이 되어가며 그 장악력을 줄여 나갈 수밖에 없었지만 중국이 라는 거대한 경제적 식충이 자라나면서 그 변화의 판도는 가속화 되어 이미 갈등은 세계적으로 극에 달한 것 같다. 경제력의 이동은 결코 단순한 요소가 아니다. 인류 역사에서 보듯이 급속한 경제력의 이동은 전쟁과 같은 커다란 파국을 야기 시키기 마련이다. 중국으로 빠른 속도로 많은 경제력이 이동하면서 나타나는 갈등이 어떠한 형태로 세계적으로 표출 될 것인가, 그것은 미래의 세계구도를 결정 할 핵심 요소일 것이다. 어쩌면 세계가 바라는 것은 중국 내에서 자중지란이 일어나 외부적으로 나타날 수 있는 갈등이 자체에서 흡수 되는 일 일 것이다. 舊 소련처럼 국가가 핵분열이 되어 각 민족 나름대로 안정세를 찾아 가듯이, 중국도 각 민족이 분리 독립되어 세계적 갈등을 줄이는 것이 바람직 할 것 같다. 그러나 이것은 세계가 바라는 희망 사항 일 뿐 중국의 경제 발전을 위시한 일련의 행보는 세계적 갈등을 야기 시킬 수 있는 위험 요소임이 분명한 것 같다.

세계가 어찌하든 우리에게 있어서 우선 중요한 것은 우리 주변의 정세다. 우리는 반세기에 걸쳐 강대국의 틈바구니에 낀 냉전 시대의 희생물이었다. 그래서 분단이 되고 미국의 식민지라 할 만큼 그들에게 군사적으로나 외교적으로 종속적 입장이 되고 말았다. 비록 미국 덕분에 경제 성장을 이룬 것은 부정 할 수 없지만 특히 IMF 이후 우리의 경제적 입장은 금융 산업을 중심으로 중요 산업이 미국에 전적으로 예속되었다고 볼 수 있다. 이 시대의 미국은 군사 경제 외교에 이르기까지 세계를 주름잡고 있다고 해도 과언은 아니다. 그런 현실을 특히 우리의 분단 된 입장에서 간과 할 수는 없는 노릇이다. 최근 수년에 걸쳐 동북아에 대한 미국의 전략은 상당 부분 변화를 보이고 있는 것 같다. 그 중에서도 특히 미국의 한반도에 대한 미래의 전략은 이미 가시화 된 부분이 있다. 그것은 한반도에 중심을 두었던 동북아의 군사적 전략적 중심 기지를 한반도에서 일본 열도로 옮기고 있는 것이 한 예가 될 것 같다. 하지만 미래에 있어서 미국의 한반도에 대한 전략적 목표는 군사적 교두보를 확보하는 것만이 아니라 안정적인 경제적 교두보의 확보가 될 것으로 짐작 할 수 있다. 강대국 간의 대립은 냉전 시대가 끝난 이후 경제적 전략이 우선되어 미국은 이미 IMF를 통해 적어도 남한에는 그들의 경제적 거점을 확보 했다고 볼 수 있다. 다만 거취가 불분명한 북한의 존재에 대한 전략 설정이 한반도에 있어서 변수로 남아 이를 해결하기 위해 고심하고 그 전략을 펼쳐 나가고 있는 중 일 것이다.

미국에 있어서도 일본과 마찬가지로 한반도는 중국이나 러시아와 같은 대륙으로 진출하기 위한 징검다리 같은 위치여서 그들 역시 대륙 진출을 위해 북한이 언제까지나 장막에 갇혀 장벽이 되어 있기를 바라지는 않을 것이다. 아마도 그들의 우선적 전략적 희망은 한반도를 양분하여 중국과 나누어 지배하는 것일 것이다. 그것은 이미 남한을 장악한 입장에서 중국과 교류하는데 있어서 불확실한 정체인 통일 된 대한민국과 같은 걸림돌을 두고 싶지 않기 때문 일 것이다. 중국 역시 동북 공정과 같은 정책을 통해서 북한을 속국화 하려는 의지를 내 비치고 있다. 그런 차에 미국은 그들의 전략에 우리의 6.15공동 선언 이후 북한의 핵무기 개발과 한민족의 통일에 대한 염원이라는 무시 못할 장애물을 안게 되어 적지 않은 고민을 안게 되었다. 북한이 고사되어 중국에 귀속 된다면 그들의 목표는 중국의 목표와 일치하여 손쉽게 그들의 목적을 이룰 수 있지만, 남북이 통일되어 자주적 입장에 있게 된다면 군사적으로나 경제적으로 막강해진 대한민국이 자신들의 손아귀로부터 벗어난다고 그들은 생각하기 때문 일 것이다.

대한민국이 통일이 되면 동북아시아에는 많은 변수가 자리하게 된다. 그래서 미국의 눈치를 볼 수밖에 없는 우리 정부는 김대중 정권 이후 통일 한국이 미국의 국익을 해치지 않을 것이란 명분과 이유 찾기에 분분하게 되었고 지금 정부도 이를 위한 노력은 계속되고 있을 것이라 생각 된다. 만일에 우리나라가 통일이 된다면 미국의 동북아에 대한 전략은 냉전시대 이후 유지 해 온 기본 전략의 대폭적인 수정을 해야 할 것이다. 자칫 동북아의 한 중 일 삼국이 EU와 같은 불럭을 형성하여 막강한 실력을 과시 하게 될는지도 모를 일이다. 그것은 미국의 세계적 장악력을 약화 시킬 뿐만 아니라 서구 열강들의 기득권에도 막대한 영향을 미칠 수밖에 없다. 이러한 시국에서 미국에 의존 해 있는 우리나라의 입장이란 결코 순탄치 않을 수밖에 없다. 우리나라의 지정학적 위치에 따른 숙명이다. 그러나 주변의 어떠한 입장에도 불구하고 우리의 목표는 통일된 조국임을 포기 할 수는 없을 것이다. 그 통일을 위해서 정부와 국민이 갖추어야 할 공통적 목표는 통일에 대한 의지라고 생각한다. 통일은 이념보다 우선되어야

하고, 통일을 위해선 남북한의 정치적 정체성보다도 우선되어야 하며, 이 시대에 국한된 경제적 손익 개념을 남북의 균형을 위해서 초월적으로 계산 할 수 있어야 된다고 생각한다. 그렇게 국민적 염원을 담은 노력이 크게 결집 되었을 때, 미국을 비롯한 세계의 열강들의 한반도에 대한 전략은 통일한국을 중심으로 재편 할 수밖에 없을 것이다. 그들은 이미 남한의 경제력과 북한의 핵무장과 같은 자주적 역량이 한반도에 강화됨에 따라 한반도의 통일에 대한 필연성을 인정하고 이에 대한 대응전략을 이미 확보하고 이를 실천 하고 있을지도 모른다. 미국이 이미 동북아의 전략적 중심을 일본열도로 옮겨 가고 있는 것처럼…….

비록 우리의 국가적 미래가 미국에 의존적이라 해도 우리의 통일에 대한 염원과 국력의 신장은 미국의 전략에 변수로 작용 할 수 있게 마련이다. 우리는 이미 세계12위에 드는 경제규모와 GNP가 20,000불에 육박 할 정도로 국력이 신장되어 강대국의 대열에 서 있다. 통일의 문제는 과연 통일을 위한 국민적 의지가 모여 지고 이에 대한 자신감을 가질 것인가, 통일을 위한 남북 간의 정치적 사회적 경제적 괴리는 어떻게 극복 할 것인가, 통일을 위한 국가 운영적 역량을 어떻게 키울 것인가 하는 것이 중요 할 따름이다. 이를 위한 지금까지 정부 정책의 핵심은 국민 정부의 '햇볕 정책'과 참여정부의 '선진적 국가 씨스템'의 구축 일 터인데 이는 시대적으로 합리성이 있다고 생각한다. 다만 국내적으로 아직도 보수와 진보의 논리가 첨예하게 대립되어 있듯이 국민적 정서가 양분되어 있는 것이 문제 일 것이다.

현 시점에서 우리에게 있어서 기득권자들이 많은 문제를 안고 있는 것 같다. 기득권자란 6.15 남북 공동 선언 이후 햇빛 정책에 반대하는 과거 정권 하의 기득권자를 얘기 할 수 있다. 비록 그 기득권자는 어쩌면 오 퍼센트에 불과한 소수계층 일지는 모르지만, 군사 정부 이후 정치 사회 문화 경제 국방 언론 정보에 이르기 까지 아직도 핵심적 위치에 있는 계층으로 비록 소수이지만 사회적으로나 국가적으로 막강한 영향력을 갖고 지금까지 사실 상 이 나라를 주도해 간다고 볼 수 있는 세력이다. 수구적 혹은 기득권자의 특성은 개혁과 같은 변화를 원하지 않는다. 그것은 그들이 대를 이어 마련한 그리고 대를 이어 유지하기 위한 기득권을 양보할 수 없는 속성이 있기 때문이다. 그러므로 그들에게 지나치게 편중된 권력 혹은 경제력은 개혁의 걸림돌일 수밖에 없다. 이는 정부가 주도하는 개혁적 제도가 마련되어 편중된 세력이 다시 중산층 이라고 하는 다수의 시민에게 공평하게 돌아갈 때 진정한 민주주의 토대가 마련 되어 해결 될 수 있을 것이라 생각한다.

우리 사회 속에서 남북통일에 걸림돌이 되는 가장 중요한 요소는 사회적으로나 경제적으로 남북 간의 괴리일 것이다. 남한의 입장에서는 사회적으로 지나친 빈부 격차와 퇴폐적 소비 구조가 남북 간의 괴리를 부채질하는 원인이며 또한 통일을 위한 국가적 역량을 증가시키는 방해 요인이므로, 이를 해결하는 것이 통일을 위한 초석이 될 것이다. 현 시점에 있어서 우리에게 가장 큰 문제는 국민 경제가 어려운 것이다. 어려운 경제에 대해서 많은 사람들이 정부의 정책을 탓한다.

그러나 나의 생각은 현제의 어려운 경제문제가 단기적 정책 부재에서 온 것이 아니라 그 동안 만연된 불합리한 사회 구조에 기인되었다고 생각한다. 생산 보다는 소비에 치중되어 있는, 식당, 술집, 여관 등 기타 유흥업소가 가장 많은 나라, 써비스업에 지나치게 편중된 산업 구조가 선진국의 갈림길에 선 우리의 입장에서 경제적으로나 사회적으로 많은 문제를 안고 있는 것 같다. 이들 문제는 제도적 뒷받침 하에 장기적 목표를 두고 국민 개개인의 노력에 따라 해결 될 수밖에 없는, 어쩌면 적자생존에 의해서 시간을 두고 스스로 균형 잡혀 가며 개선 될 수 있는 사회의 구조적인 문제 일 것이다.

지금은 정부의 거시적이며 일관된 정책이 필요하다. 그리고 이를 실천하기 위한 정부의 강한 개혁적 의지가 무엇보다 중요 하다고 생각한다. 그런 의미에서 나는 노무현 대통령의 조류와 파도를 비유한 시국에 대한 논리 그리고 정부의 부동산과 세무 정책에 관한 국정 방향에 대해서 찬성하는 터이다. 그것은 점차적으로 이루어 나가야 할 우리의 염원인 통일을 위한 거시적 국정 방향에도 부합된다고 생각하기 때문이다. 지금은 미래 지향적으로 거시적 입장에서 세상을 바라보아야 할 때라고 생각을 해 본다.

윤영준
minari62@naver.com

사는 게, 잠시 머물렀다가 떠나고, 다시 돌아옴의 반복이 아닌가 하는 생각이 든다. 기왕이면 그 길 떠남과 돌아옴에 무슨 의미가 있다면 더 없이 좋겠다. 산다는 게 갔다가 다시 제자리로 돌아오는 거라면, 산다는 것의 끝은 무엇일까. 혹시 가기만 하고 돌아오지 않는 것이 아닐까. 먼 곳이든 가까운 곳이든 갔다가 돌아오면 그나마 다행이지만 영원히 못 돌아온다면? 못 돌아옴에 대한 걱정이 앞서는 것은 나도 나이가 들어서 그런가 보다.

세월 이지요

몇 주 전에 9층으로 이사를 오신 분이 학과는 다르지만 내가 다녔던 학교의 선생님으로 은퇴를 하신 분이라고 해서 인사를 갔었다. 내가 예의범절이 밝은 사람이라서가 아니라 실은 수리하고 새로 이사 온 아파트는 어떨까 하는 호기심 때문이었다.

9층 아파트에 들어선 순간 내부가 어찌나 화사하면서도 다른 한편으로 단아하던지 나도 모르게 같은 아파트인데도 이렇게 다를 수가 있구나 하며 감탄을 하며 그분께 물었다.

"어떻게 이렇게 아파트가 좋을 수 있습니까?"

"그게 다 그간 살아온 세월이지요!"

세월이라!? 그림 몇 장 달랑 걸려 있는 내 아파트에 비해 너무도 훌륭한 9층 아파트를 보고는 나도 모르게 그만 기가 죽어 버렸다. 그래서 나도 내 아파트를 어떻게든 해서 남들에게 좀 좋게 보이려고 이번 주 내내 부엌을 시작으로 청소와 정리를 했다. 시작한 김에 온 집안을 다 뒤집어 놓을 생각이었지만, 달랑 부엌하나 청소하고 진열장에 그릇들을 정리하는 데도 시간이 많이 걸리고 힘이 드는데, 베란다에 무질서하게 물건들이 쌓여 있는 창고는 어쩔 것이고, 식당 한 구석에 두서없이 진열한 위스키, 와인들은 어떻게 정리를 해야 할지, 식탁 위 천장의 등에 수북이 쌓여 있는 먼지를 무슨 수로 털어내야 할지 모르겠다. 어디 그뿐인가 벽타일이 깨진 안방 화장실은, 물이 졸졸 새는 부엌에 수도꼭지는, 옷장 속에 두서없이 넣어둔 옷가지들은, 서재의 바닥에 널려 있는 수많은 책들은…….

게으르기만 한 내 살림살이 수준으로는 도저히 마무리 지을 수가 없을 것만 같은, 너무나 복잡하기만 한 청소와 정리 때문에 갑자기 헛생각마저 들었다. 청소하고 정리 해봐야 내 아파트는 좋아지지 않을 테니 아예 이대로 몽땅 내버려두고 아파트를 다시 하나 사서 하얀 벽지를 벽이든 천장이든 아파트 내에 온통 바른 후 담요 한 장 수저 한 벌 그리고 라면 끓여 먹을 양은 냄비 하나와 몸만 달랑 들어가서 살까 하는 상상도 해본다.

아무튼 내 능력 밖의 청소와 정리는 대충 포기를 하고 작전을 바꾸기로 했다. 그럴듯한 가구를 사서 진열해 놓으면 어떨까 하는 마음에 여기저기를 쏘다녔다. 한번은 식탁을 사러 논현동 거리의 가구점에 갔었는데 식탁 세트 값이 무려 1억 원 가까이 되는 것이 있었다. 식탁에 딸린 의자에 이집트풍의 보리수 모양의 누런 무늬가 있길 래 "금으로 된 건가, 뭐가 이렇게 비싸?"라고 설마 하면서 중얼 거렸더니, 그쪽

담당자가 제법 진지한 얼굴 표정을 지으면서 "누런 무늬가 정말 금 입니다." 라고 한다.

9층 아파트를 본 후 괜한 욕심이 생긴 게다. 그럴 리는 없겠지만 그 비싼 식탁을 산다면 밥 먹을 때마다 마음이 과연 편할 수가 있을까? 아마도 나 같은 소심한 사람은 비싼 식탁에만 신경이 써져서 밥이 코로 들어가는지 입으로 들어가는지도 모를 꺼다. 폼 한번 재려고 큰맘 먹고 식탁 하나 사려다가 기겁할 값을 보고는 단번에 포기를 했다. 그래서 결국은 오랜 동안 썼던 네 다리를 접었다 피는 내 초라한 밥상을 그대로 쓰기로 했다.

문득, 9층 선생님의 '세월이지요!' 라고 하신 말씀을 다시 생각해본다. 우리가 살면서 해야만 하는 일들. 그것이 거창한 일이든 아주 조그만 일이든 간에 수많은 공과 시간을 들여서 심지어는 시행착오까지 곁들여 힘들게 살아가면서 하나하나 채워가는, 나처럼 얼렁뚱땅 아무렇게나 또한 아무 때나 하겠다고 한다고 할 수 있는 것이 결코 아니란 말이다. 하기야 어디 청소하고 정리하는 것만 그런가? 세상 산다는 모든 일이 다 마찬가지 아닌가.

냉면 맛, 세월 맛

냉면의 계절인 여름이다. 일전에 냉면에 일가견이 있으신 선배와 냉면의 맛에 대해 의견을 나누던 중 제일 맛이 없는 냉면이, 맛이 있지도 않고 없지도 않은, 밋밋한 냉면이 가장 맛이 있는 냉면이라는데 의견일치를 보았다. 맛이 없는 게 제일 맛이 있는 거라니 말을 해놓고도 좀 이상하다. 세상살이만큼이나 냉면 맛도 어렵기만 한 건가 보다.

일산 어느 집 냉면은 육수가 너무 달고, 송추에 이름 난 냉면집 육수도 예전 같지가 않아 역시 달기만 하다. 면은 아예 품평을 할 수준도 못된다. 요즈음 내 노라 하는 냉면 집들 조차 달기만 한 육수에 면도 직접 뽑지를 않고 사다가 만든다고 한다. 어쩌면 이 시대를 사는 사람들의 입맛이 달거나 짜거나 한 자극적인 맛에 길들어져 있어서 장사를 하려면 어쩔 수없이 그럴 수밖에 없나 보다. 그래도 제대로 된 밋밋한 맛의 냉면집들이 있었으면 하는 바람이다. 그러면 아무리 멀리 있다 해도 찾아 가련만.

어릴 때는 냉면을 잘 안 먹었다. 음식을 사먹을 때도 같은 값이면 갈비탕을 먹었지 냉면은 결코 먹지를 않았다. 부모님들이 이북이 고향이라 냉면은 당연히 어렸을 때부터 많이 접했었는데, 왜 좋아하지를 않았는지. 그 이유는 의외로 간단하다. 맛이 없었기 때문이다. 어머님의 음식은 대부분 싱겁고 달지가 않았다. 그 중에서도 어머님이 만들어 주신 냉면은, 단맛에 젖은 어린 내가 느끼기에는 도무지 아무런 맛이 없어서, 잘 먹지를 않았었나 보다.

지금이야 냉면을 즐겨 먹는다. 그래서 더욱 어릴 때 어머님이 해주셨던 냉면을 잘 먹을 걸 하며 무척이나 후회를 한다. 그래서 혹시나 하는 마음으로 예전에 어머님이 해주신 싱거워 밍밍하기만 했던 냉면 맛을 만날까 싶어 제법 이름나 있다는 냉면집에 여간 관심이 많지 않다.

문득, 산다는 것도 냉면 맛과 비슷한 것이 아닐까 라는 생각이 든다. 신문을 장식하는 시끌벅적한 정치인들의 삶도 멋이 있어 보이고, TV 쇼프로에 나오는 화려한 연예인들의 삶도 꽤나 멋있어 보이지만, 명문대학에 다니는 아들이 새벽에 청소부를 하는 아버지를 돕는 마음이 가장 따뜻하게 전해진다. 냉면의 순한 맛 같은 삶 또한 더욱 멋이 있는 것은 아닐까.

내가 아는 점잖은 고등학교 선생님은 어디 한적 한 시골에 자리를 마련하여 초가삼간 지으시고 책이나 읽으며 노년을 보내겠다고 하셨다. 나도 시골에 구옥이라도 딸린 자리나 하나 구해 볼까 하는 마음이 있지만 퇴직금도 없는 나의 노년을 위해서 사두면 땅 값이 오르지 않을까 하는 통속적인 속셈이 있다.

이제는 냉면도 잘 먹고 더구나 어머님이 예전에 해주셨던 그 밋밋한 냉면의 맛을 겨우 알아서 멀리까지 냉면집들을 찾아 나서기도 하건만, 산다는 것에 대한 진짜 맛은 아직도 모르는 가 보다. 언제나 사는 맛을 제대로 알게 될는지.

귀 신

여름철만 되면 허연 소복을 입은 귀신 드라마가 TV에 나온다. 나는 지금까지 살아오면서 귀신이 정말 있는 건가 가끔 의문을 품었는데, 돌아가신 어머님은 정말 귀신이 있다고 하셨다. 하기야 TV에 나와서 유명해진 J목사도 우스개로 하나님이 제일 큰 귀신이라고 말을 했지만 말이다.

어떤 철학자가 신이 죽었다고 말했다. 이 말만 갖고서 단순히 풀이 하자면 신이 지금은 없지만 있다는 말이기도 하다. 정말 신이 있고 없고를 떠나서 신이란 존재가 사람들의 삶에 더불어 있어, 작게는 점쟁이부터 크게는 거창한 종교들까지 신들을 모시기도 한다. 또한 종교가 없는 무교라고 할지라도 대부분의 사람들은 어려운 일을 당할 때 자신도 모르게 신을 찾기도 한다. 정말 신이 있는 걸까? 거창한 신은 그렇다 치더라도 보통 사람이 죽으면 망자의 혼이라고 하는 망

령이란 귀신이 과연 있는 걸까? 그러면 고양이는? 아카시아 나무는? 고사리는? 아무튼 신의 존재는 알다가도 모를 일이기도 하다. 다만 분명한 것은 신이 사람을 만든 건지 사람이 신을 만들은 건지 알 수 는 없어도 신은 항상 사람들 삶에 가까이 있다는 것이다.

아주 오래전 어머님한테 들은 일이다. 이북에서 어머님의 동생인, 나의 외삼촌이 홍역으로 돌아 가셨다. 외삼촌이 돌아가시기 바로 전에 어머님이 하도 졸려서 깜박 졸았는데, 천장에서 계단이 스르르 내려오더니 시커먼 옷을 입은 무서운 저승사자가 걸어 내려와서는 이 아무개 집이냐면서 외삼촌의 이름을 부르며 찾더란다. 어머님이 놀라서 그런 사람 없다고 소리를 쳐 집 밖으로 내쫓았더니 그 저승사자가 씩씩거리며 어디 두고 보자 하면서 나갔다고 하셨다. 바로 그때 큰 이모님이 어머님을 흔들어 깨우시면서 “너는 동생이 인사불성인데 잠만 자냐” 고 야단을 쳤다고 하셨다. 그래도 그 잠을 이기지를 못해 그만 다시 잠이 드셨는데 이번에는 네 명이나 되는 저승사자가 천장에서 내려와서 아예 어머님을 밀치고 장에서 빨간 양단 이불을 꺼내서 외삼촌을 둘둘 말아 등에 짊어지고는 천장으로 유유히 사라졌는데 큰 이모님이 또 어머님을 깨우시면서 “너는 동생이 죽었는데 잠만 자냐” 며 다시 야단을 치셨다 한다. 정신을 차리고 보니 외삼촌은 이미 돌아 가셨고 더구나 희한한 일은 꿈속에서 본 그 빨간 양단 이불이 외삼촌의 시신위에 덮여 있었다며 정말 귀신은 있는 거라고 말씀 하셨다

어머님이 귀신이 있다는 또 다른 증거의 일례가 있다. 큰 이모님은 이북에 사실 때 예수님을 오래전부터 잘 믿어 예배

당을 다니셨지만 어머님은 큰 이모님이 가자고 하면 겨우 따라 나서곤 하셨다. 그런데 이북에서 3 · 8선을 넘을 때 무사히 월남하게 해주시면 예수를 잘 믿겠다고, 어머님이 절박한 상황에서 간절히 기도 하신 후 이남에 오셔서 본격적으로 예배당에 다니셨다고 하셨다. 이북에서 전쟁 전에 월남 할 때는 안내원을 사서 넘어와야 했었는데 안내원이 남한으로 넘어 가는 중에 특히 3 · 8선 경계 주변에서는 인민군이 있으니까 절대로 조용히 해야 한다는 지시를 했다고 한다. 안내원 두 사람을 사서 한 사람에게는 작은 누님을 등에 업히게 하고 큰 누님은 걸려서 오다가 3 · 8선 경계에서 그만 큰 누님이 발을 헛딛어 벼랑 아래로 떨어졌는데 조용히 하라는 안내원 때문에 큰 누님의 이름을 소리 내서 부르지도 못한 채 긴 지팡 막대기로 벼랑 아래를 휘저으시면서 '예수님 내 딸 찾게만 해주시면 예배당에 빠짐없이 잘 나가겠습니다' 라며 정신없이 기도를 했더니 큰 누님이 울지도 않고 그 지팡 막대기 끝을 잡아서 무사히 큰 누님을 구할 수 있었다고 하셨다. 그런가하면 안내원이 달이 밝은 밤에는 강 언저리를 지키는 인민군의 총에 맞을 위험이 있어 도저히 임진강을 건널 수가 없다며 어떤 무덤가에 숨죽이며 기다리자고 주저했다. 이때도 걱정스런 어머님은 무사히 강을 건너게 해주시면 정말 예수님을 잘 믿겠노라고 다시 기도를 하셨는데 미처 30분도 안 돼서 시커먼 먹구름이 몰려오더니 장대비가 내려서 오히려 떠들면서 임진강을 건넜고 강을 건너자마자 비가 뚝 그쳐서 더욱 감사한 일이라며 기도 덕분에 무사히 가족들과 월남 할 수 있었던 거라고 하셨다. 그래선지 어머님은 교회 일이라면 발 벗고 나서셨다.

나도 좀 치사하지만 종교도 없으면서 가끔은 어떤 신에겐가 기도를 한다. 이번 일만 무사히 넘기게 해주시면 신을 믿고 항상 노력하는 자세로 겸손하게 살겠다고. 그리 해놓고는 일이 무사히 지나면 언제 그랬냐며 겸손은커녕 내가 잘나서 일이 해결 됐다고 여긴다. 살다 보면 사람이라는 게 나약하기만 해서 힘든 일에 맞닥뜨리면 어쩔 수없이, 있는지 없는지도 모르는 귀신에게 조차 마음의 신세를 지게 마련인가 보다. 허나 어머님은 감사해 하시면서 사람의 분수를 지켜 신을 마음으로 믿으셨지만, 나는 감사는커녕 언제 그랬냐는 듯이 금세 잊어버리고 만다.

신이 있다고 믿고 의지하고 살면, 이 힘든 세상사는 게 좀 편해지지 않을까? 그리고 진실로 더욱 믿으면 고달프기만 한 이 세상이 바로 천당도 되고 극락도 될 수가 있다. 수없이 반복되는 궁금한 신의 존재가 어떻든 간에, 결국은 사람이 한심하고 불쌍한 미물이라서 의지해야 할 신이 있기는 있어야만 할 것 같다.

어머님이 예전에 "저기 전깃줄에 앉아 있는 참새도 내일을 걱정하지 않는다. 하물며 사람인 네가 내일을 걱정하며 살 필요는 없다!" 라고 해주신 말씀이 생각난다. 성경구절을 인용하신 말씀이지만, 왠지 요즘 들어 자주 그 말씀이 생각난다. 아마도 지금 내가 사는 게 힘들어서 그런가 보다.

산다는 것의 끝은

내 주위 사람들의 부모님들이 돌아가시더니, 언제부턴가 심심치 않게 바로 그 주위의 사람들 자신들이 돌아가신다. 그런 소식을 들을 때는 기분이 영 씁쓸하기만 하다. 어디서 밤늦게 전화가 오면 '또 누가 돌아가셨나?' 하고 걱정이 앞선다.

일주일 전에 같은 병원에서 일을 했던 분이 후두암으로 신촌에 있는 병원에 입원해 있다고 전화가 왔었다. 내가 사는 일산과 그리 멀지 않고, 또한 오랜만에 보고 싶은 마음에 겸사겸사 연락을 했다는 말을 들었지만, 며칠간이나 미적거리다가 어젯밤에야 그 분께 겨우 다녀왔다. 먼 곳은커녕 엎드리면 코 닿을 곳조차도 선뜻 가기를 꺼려하니, 게으른 건지 아니면 정말 늙어버린 건지……

다니는 것에 흥미를 잃으면 살날이 얼마 남지 않은 거라

한다. 사람은 흥이 나서 그저 여기저기를 쏘다닐 때가 좋은 거라고 누군가 귀 뜸을 해주었는데, 요즘에 나는 전혀 그렇지가 못해서 걱정이다. 어디론가 가긴 가야지 하면서 기차역, 공항 하다못해 고속버스 터미널을 떠올려 보기도 하지만 결국 아무 곳으로도 떠나지를 못한다.

요즈음 나는 주로 다니던 곳만 다닌다. 그래서 새로운 곳에 가는 기쁨이 전혀 없다. 또한 간다고 가 봐야 멀리도 못가고 기껏 가는 곳이라고는 겨우 걸어서 갈수가 있는 곳이거나 일산 내에 있는 곳이다. 더구나 요즘은 꼭 가야만 하는 곳도 "다음 주말에나 가지!" 하며 밀어 두기가 다 반사다.

예전엔 다니는 걸 좋아한 나는 훌쩍 비행기를 잡아타고 대양을 자주 건너 가기도 했었다. 가 봐야 며칠 지나면 못 돌아와서 안달을 한다. 비행기가 강화도 상공을 빙 둘러 김포로 내리려고 할 때면 "아! 한국에 돌아 왔구나." 라며 안도를 했었다. 그러고는 곧 또 떠나지 못해서 안달을 하고. 결국은 어디론가 갔다가 다시 제자리로 돌아오고 그리곤 다시 다른 곳으로 가려 한다. 사는 게, 잠시 머물렀다가 떠나고, 다시 돌아옴의 반복이 아닌 가하는 생각이 든다. 기왕이면 그 길 떠남과 돌아옴에 무슨 의미가 있다면 더 없이 좋겠다.

산다는 게 갔다가 다시 제자리로 돌아오는 거라면, 산다는 것의 끝은 무엇일까? 혹시 가기만 하고 돌아오지 않는 것이 아닐까?! 먼 곳이든 가까운 곳이든 갔다가 돌아오면 그나마 다행이지만 영원히 못 돌아온다면? 마음마저 다시 돌아 올 수가 없다면? 신촌에 있는 병원에 입원 한 그 아는 사람이 후두암으로 아예 돌아오지 못 할 저 세상으로 가버린다면? 등등 못 돌아옴에 대한 걱정이 벌써 앞서는 것은 나도 나이가 들어서 그런가 보다.

아무튼 산다는 것의 끝은 대충 그렇다 치더라도, 그러면 산다는 것의 후는 무엇일까? 정말 천당, 극락 그리고 지옥이 있기는 있는 걸까? 무덥기 만한 여름밤에 잠은 안 오고 쓸데없는 망상만 머릿속에 그득하다.

자랑거리

처음 의사가 됐을 때 무척이나 내 자신이 잘나 보였다. 월급도 일반회사에 다니는 친구들 보다 좀 많았다. 허나 세월이 흐른 지금의 나는 항상 변함이 없는 일산 변두리의 초라한 의사다. 거창한 회사의 대표나 재산이 아주 많은 자영업자가 된 친구들은 이제는 내게 자기들이 훨씬 더 잘났다고 자랑을 한다. 자랑 할 게 전혀 없는 내 속이 심히 상하도록 말이다.

L이라는 친구가 있는데 예전에는 집이 무척 어려웠다. 지금도 가끔 생각이 나는데, 동네 삼겹살집 수준의 대폿집 같은 곳에서 결혼식을 했었다. 말 할 수가 없을 정도로 사는 게 어려웠던 그가 세 번이나 사업에 실패를 한 후 고생 끝에 지금은 잘나가는 이름만 들어도 알만한 택배회사를 운영하고 있다. 또 K라는 친구는 금융감독원의 국장이 됐다. 그 친구

도 어렵기는 마찬가지여서 대학도 거의 독학으로 남들보다 사년이나 늦게 졸업을 했다. 허나 지금은 웬만한 은행의 고위직에 있는 친구들이 그 친구를 만나지 못해서 안달들이다. 아버지가 일찍 돌아가신 G이라는 친구 역시 우여곡절 끝에 지금은 서울서 갈비 집을 하는데 하루매상만 천만 원이 넘는다고 한다. 다들 동네의사 수준으로는 도저히 따라 갈 수가 없는 위치들이 됐다. 한마디로 출세했다는 말이다.

나는 예나 지금이나 남들이 멋있게 산다고 하기에 인사치례 인줄 모르고 정말 내가 잘 사는 줄로 그동안 착각을 하고 살았다. 휭 하니 가고 싶은 곳이 있으면 망설임 없이 떠나고, 마시고 싶은 술이 있으면 찾아가서 마시고 주위의 친구들은 힘들게 돈을 벌어 빌딩을 사거나 아니면 부단히 노력을 해서 직장에서 진급을 한다고 할 때 나는 돈이든 지위든 그런 것들을 하찮다고 여기며 무시를 했었다. 물론 지금도 그런 것들 그 자체가 그리 큰 의미가 있다고 생각하지는 않으나, 친구들이 세월이 흘러 무척이나 자랑거리가 많아진 지금에 와서는 적어도 그런 것들을 이루는데 드는 세월이라고 하는 시간만은 소중하다고 생각하게 됐다. 그래서 누군가가 세월이 누구도 이길 수가 없는 가장 무서운 거라는 말을 했나보다. 그 아까운 세월을 곡차마시는 놀음에 시간을 허비하면서 산 나는 정말 어리석은 사람인가 보다. 도대체 나는 그동안 살면서 무엇을 했었단 말인가.

월급쟁이 의사를 하다가 의원을 차린 지도 십여 년이 훌쩍 지나버렸다. 그간 세 번이나 병원 자리를 옮겼다. 대부분의 의사들은 모두 컴퓨터의 프로그램을 이용해서 컴퓨터 차트를 쓰는데 예나 지금이나 컴맹 수준인 나는 고집스럽게도 종이차트를 아직도 손으로 쓰고 있다. 그 종이차트가 의원을 옮길 때마다, 얼마나 성가신지를 모를 정도로 많기도 하고 무거워, 천덕꾸러기가 되어버렸다. 병원 창고 한구석에 수북이 쌓인 종이차트들이 볼 성 사납기도 해서 다음 병원을 옮길 때는 귀찮게 그만 끌고 다니게 차라리 날을 잡아서 정리해 버릴까 하는 생각도 했다. 그러다가 문득 갑자기 '저것들이 바로 내가 살아온 인생 전부구나!' 라는 생각이 들었다. 종이차트 안에는 내 평생 본 수 많은 환자들의 신상명세와 병에 대한 기록들이 있고, 내가 치료한 처치기록과 발행한 처방전이 있다. 내가 살아온, 수십 년의 역사가 바로 그 안에 고스란히 있다는 것을 그동안은 왜 미처 몰랐었는지.

나에게 무척이나 소중한 의미가 있는 종이차트들을 지금부터라도 정성껏 보관하게 당장 이번 주말이라도 일산가구단지에 가서 제일 비싼 책장을 사와야겠다. 아울러 나라는 사람, 비록 출세는 못해서 내세울 것은 없지만 그래도 자랑거리가 많은 친구들에게 "이 종이차트들을 봐라. 내가 살면서 이렇게 많은 아픈 사람들을 돌봐 왔다"라며 나도 내가 살아온 것에 대해 부끄럽지만 자랑을 좀 해야겠다.

이 은 영
lsjmum@yahoo.co.kr

이슬비가 소리 없이 옷을 적시고 마음을 나눌 친구가 생각날 때 그녀가 좋아하는 후레지아 꽃 한 다발을 사고 싶다. 번잡한 상점에서 청주 한 병을 사서 준비한 보온병에 옮겨 담으면 누군가가 등 뒤에게 수상한 눈으로 바라볼 지도 모르겠다. 낙숫물을 받는 마음으로 비 오는 날, 한 끼 점심이나 하자고 친구를 청하고 싶다. 청주의 깔끔함과 무겁지 않음이 비가 그칠 때까지 남아 우리가 나눈 담소를 오래오래 간직하고 있을 것만 같다.

지금도 난춘시장에서는

상하이시 푸동신구 난춘루에는 난춘藍村시장이 있다. 높은 빌딩과 화려한 외국인 주거지역이 많은 푸동에서 서민들의 재래시장인 난춘시장에서는 외국인이 낯설기만 하다. 처음 난춘시장을 둘러보았을 때 상인들은 낯선 이방인을 신기해 하면서도 경계하는 눈빛으로 바라보았다. 그렇게 몇 번 얼굴을 익히고 나자 어느 나라 사람인지, 어디에 살고 있고, 왜 손수 장을 보느냐며 집에 일하는 사람은 없는지 호기심어린 눈으로 궁금한 것들을 묻곤 했다 .

규모가 작은 시장은 깨끗하게 정비되어 있었다. 과일과 채소 매대에는 싱싱함이 쌓여있고 장강에서 막 잡아온 민물고기들이 펄떡였다. 가게라고 해야 한 평도 안 되는 키 낮은 칸막이가 있는 좌판의 모양이지만, 그 좁은 공간에 생활에 필요한 모든 것들이 가지런히 놓여 있었다. 시장을 한 바퀴 돌고 나와도 10위엔, 우리 돈으로 천원이면 시장바구니 속에는 넘쳐나는 순박한 인정까지 더해져 무거워진 바구니를 들고 나설 수 있었다.

야채매대 가운데는 보라색 양파와 함께 우리가 주로 먹는 주황색 양파를 파는 가게가 있었다. 시장에서 小劉라 불리던 그 가게 주인은 내가 양파자루를 뒤져 양파 두세 개를 가려내고, 가지런히 담긴 고추를 뒤집어 몇 개만 골라도 싫은 내색 없이 웃곤 했다. 몇 차례 단골이 되자 시든 야채를 한줌씩 덤으로 주기도 했다. 필요 없다고 손사래를 쳐보지만 집에 돌아와서 보면 비닐봉지 안에는 값을 지불하지 않은 무엇인가가 하나씩 더 들어있기 마련이다. 어떤 날은 맛있는 것이라며 낯선 야채를 불쑥 내밀기도 했다. 먹어보지 않은 것이어서 곤란하다고 사양을 해도 껍질까지 벗겨 요리하는 방법을 일러 주었다. 장을 많이 보아 무겁게 들고 쩔쩔맬라치면 시장 한 모퉁이에서 서성되는 남편을 불러 자전거로 우리 집까지 갔다 오라고 말하곤 했다.

그녀는 나보다 네 살이 많았다. 가끔씩 유모차에 타고 있는 우리 작은 아이를 보며 소흥으로 시집간 큰 딸의 여섯 살 난 손녀를 보고 싶어 했다. 아마도 조혼풍습과 다산으로 가난까지 세습되었던 모양이다. 그녀는 시장 가까이에 살면서 남편과 번갈아 가게를 지켰다. 시장상인들은 대부분 시장주변의 네다섯 평정도 되는 볕도 제대로 들지 않는 작은집에 여럿 식구들이 함께 살았다. 빨래를 주렁주렁 매달고 있는 골목, 반쯤 열려있는 문틈 사이로 복잡하게 쌓여있는 가제도구들로 그들의 살림살이를 짐작하게 했다. 그녀는 자전거로 1시간 이상 걸리는 변두리 외곽지대에서 출퇴근하는 사람들에 비하면 난춘루에 살림을 꾸리는 사람들은 사정이 아주 좋은 편이라며 자신은 운이 좋은 사람이라고 생각했다.

小劉가 나를 친구로 받아들이고 부터 그녀의 친절과 후한 인심이 조금씩 부담이 가기 시작했다. 처음엔 물건 값의 끝전을 받지 않더니 점점 야채 값이 터무니없이 싸졌다. 일 위엔짜리 점심도 제대로 먹지 못하는 사정을 아는 나로서는 싼 값에 준다고 덥석 받아 올수도 없는 일이었다. 그렇다고 거절하는 것조차 쉽지 않았다. 그녀의 친절은 낯설고 외로운 타국에서 황량해진 마음을 넉넉하게 해주었다. 가끔씩 염치없이 무례한 중국인들과 부딪쳐 한바탕 실랑이가 벌어지더라도 그녀로 인해 중국이란 나라가 순박한 인정이 남아 있는 살만한 곳이라는 생각이 들게 했다. 그녀의 친절을 거절하기가 민망해서 시장으로 향하던 발길을 다른 곳으로 돌리기도 했다. 그러다가 따뜻한 사람이 그리워질 때면 작은 손수레를 끌고 시장으로 갔다. 그녀가 그러했던 것처럼 나도 막무가내로 두유 한 통을 가게 앞에 던져 놓거나 시장 입구에서 파는 뜨거운 군고구마를 안겨 주고는 달아났다.

하루는 화조시장에서 꽃을 사 안고 지름길인 난춘 시장을 지나게 되었다. 야채가게에 가볍게 눈인사를 하고 과일가게를 지나 막 시장을 벗어나려는 순간, 뒤에서 갑자기 거친 힘이 내 손목을 잡아당겼다. 너무 놀라 소리를 지르며 털썩 주저 앉아버리고 말았다. 주위의 시선이 일시에 모이고 小劉는 당황하여 어쩔 줄 모르는 얼굴로 나를 바라보고 있었다. 그녀는 내가 시장으로 접어드는 것을 멀리서 알아보고 비닐에 야채를 담기 시작했다. 그리고 눈인사만으로 지나가는 나를 따라 달려와 뒤에서 손목을 잡아당긴 것이었다. 집으로 돌아와 비닐을 풀어보니 감자에 애호박, 고추 몇 개와 브로콜리 한 송이까지 평소에 즐겨 사던 것들을 고루고루 넣어 놓았다. 자주 들르지 않는다는 서운함이 밴 봉지는 마치 친정어머니가 딸을 위해 챙겨 놓은 듯 했다. 푸른 봉지 안에 꾹꾹 눌러 담긴 인정에 코끝이 찡해져 목이 메어왔다.

창으로 내려다본 거리에 가을이 내려 앉아 넉넉하고 화사하다. 그 옛날 포동으로 기억이 날아간다. 이맘때 상해로 이사를 했다. 이 시간쯤이면 익숙한 것이라고는 따스한 가을 햇살 밖에 없는 외롭고 낯선 거리를 습관적으로 내려다보곤 한다. 밤이 지나고 나면 새로운 건물이 솟아있는 신기한 도시에서 매일 아침 창가에 기대 지도를 그리듯 도시를 살폈다. 실뱀처럼 이어진 골목들을 통해 선을 긋다 보면 저만치 학교가 보이고 공원이 있고 그 너머 난춘시장의 푸른 지붕이 보인다. 비록 가난하지만 훈훈한 인정을 베풀고 외로운 이방인에게 가슴을 나누어 줄줄 아는 사람들이 모여 사는 곳이다. 내 마음속에서는 아직도 오후 네 시가 되면 난춘 시장이 열린다. 저녁을 준비하러 모이는 사람들을 위해 정겨운 찬거리가 가지런히 진열되고, 그 속에서 회색의 후줄근한 인민복 차림에 긴 머리 질끈 동여맨 小劉가 밝은 웃음으로 푸른 비닐 봉지에 야채를 팔고 있다.

잡 초

잡초는 하릴없이 바람이 지나다 떨어뜨려 놓으면 혼자서 뿌리를 내리고 자라난다. 바람의 분신처럼 떠돌다 바람이 숨 쉬는 자리에 머물러 싹을 틔워 그 생명은 질기기가 이루 말로 할 수 없다. 봄이 오고 묵은 땅을 고르다 보면 농부가 씨를 뿌리기도 전에 여린 새싹들이 먼저 고개를 내밀고 나온다. 잡초들이다.

잡초를 들여다보고 있으면 애처롭기도 하고 앙증맞다. 게다가 그 이름도 정겹다. 꽃다지, 여뀌, 바랭이, 가세풀, 애기똥풀, 여시풀 우리와 너무도 친근한 이름이다. 그렇지만 한 번 뿌리를 내려버리면 감당이 안 되는 불한당 같다. 뽑고 또 뽑아도 소용이 없다. 초보농군인 나는 불과 다섯 평 남짓한 적은 텃밭을 가꾸고 있지만, 이른 봄부터 길고 긴 여름날 해거름이 될 때까지 잡초와 전쟁은 끝이 나지 않는다.

아무리 뽑아내도 잡초는 다음 날 아침이면 끈질기게 다시 솟아나온다. 푸성귀 사이에서 다소곳이 무리지어 있다가 푸성귀보다 먼저 자란다. 얄밉게도 푸성귀를 위한 거름기운을 먼저 독차지 하고 제 세상을 만난 듯 솟아난다. 비라도 한 번 내리고 나면 더 이상 얌전히 숨죽이고 앉아 있지 않는다. 순하던 이파리가 짙은 푸르름으로 드세어 지다가 뿌리에 뿌리를 꽉 물고 스크럼을 짜고 버티기 시작한다. 잡초는 뽑혀나가도 발끝에 감기는 한 줌 흙만 있으면 다시 뿌리를 내린다.

장대비가 몰고 온 여름이오면 게으른 농부는 잡초의 상대가 되지 못한다. 잡초는 장마 때를 미리 알고 기다리다 비가 그치면 고춧대 보다 더 높이 키를 키워 무성한 풀이 숲을 이루고 날카로운 가시로 무장을 한다. 잡초를 걷어 내려하면 드디어 잎사귀의 톱날을 세우고 달려든다. 잡초들의 세상이 된다. 팔을 걷어붙인 농부와 톱날 세운 풀의 한 판 승부가 벌어진다. 농부의 이마에는 굵은 땀방울이 쏟아지고, 뿌리 채 뽑힌 잡초들은 풀 무덤을 이룬다.

계절이 바뀌면서 잡초는 자연이 순환하는 진리에 순종 한다. 한여름 뜨거운 태양아래 지칠 줄 모르는 격동의 생명을 지탱하다가도 가을이 되면 바람 끝의 향기로 얼른 가을을 눈치 채고 푸른 기운을 다스리기 시작한다. 고추가 빨갛게 익어 가면 경계를 늦추지 않던 잡초들이 조금씩 고개를 숙이면서 그 사이로 풀씨도 누렇게 익어간다.

농부가 수확에 바쁜 땀을 흘리는 동안 잡초는 밭두렁으로 물러 앉아 자리를 지키고 작은 씨알 속으로 희망과 생명을 채워 넣는다. 여름 날 쌓인 풀 무덤은 썩어 흙으로 돌아가 지기地氣를 북돋아 준다. 가을들녘을 뛰어놀던 풀벌레들에게는 사랑의 보금자리가 되고 안식처가 되어 준다. 이제 자연의 일부가 된 잡초는 씨앗을 가슴에 품고 온기를 전하기 위해 스스로를 희생시켜 다시 오는 봄을 기다리며 추운 겨울을 견디어야한다.

잡초는 자연에 가장 잘 순응하며 살아가는 식물이다. 단지 소용이 없다는 이유로 뿌리 채 뽑히는 수난을 겪을 뿐이다. 먹을 것이 귀하던 시절 나물이라는 이름으로 허기진 배를 채워주었고, 약재가 되어 상처를 치료하기도 하고 소박하고도 아름다운 꽃을 피워 우리의 가슴을 설레게 하지 않았던가. 묵묵히 자연이라는 무대 위에 올라 제 할 일을 하고 억척같이 살아남은 아름다운 삶이다. 풀 중에 잡초가 아닌 것이 또 무엇이 있을까.

난파선 게임

인적이 끊어지고, 매서운 칼바람이 부는 겨울밤이었다. 팔공산 자락 깊숙이 자리한 교회 수양관의 어두운 강당은 비장함으로 가득 찼다. 차가운 마룻바닥 한 가운데 촛불하나를 켜놓고 회원들이 빙 둘러앉았다. 진행자는 간단하게 우리가 하게 될 게임의 개요를 설명했다. 우리는 모두 상경대 학생들이고, 미래 우리에게 밀어닥칠 험난한 사회와 고난을 지혜롭게 극복하기위한 가상훈련이었다. 상황은, 회원 모두 한 배를 타고 망망대해에서 표류하던 중 배가 가라앉게 되었다. 구명보트는 오직 한 사람만 탈 수 있을 뿐이다. 그런 절박한 상황에서 누가 살아 남을지를 결정하는 난파선 게임이었다.

게임이 시작되었다. 처음에는 관람객처럼 어둠 속으로 적당히 물러나 앉는 친구도 있었다. 그러나 시간이 흐를수록 살아남은 사람의 수도 줄어들고 분위기도 살벌해 지기 시작했다. 두려움으로 울음을 터트리는 여학생이 있는가 하면, 얼굴이 붉게 상기되어 땀을 뻘뻘 흘리는 학생도 있었다. 어느 누구, 적극적으로 참여하지 않은 사람이 없었다. 왜 자신이 살아남아야 하는지 보편적인 이유를 찾지 못했다. 오직 객관적 타당성으로 타인의 공감을 불러일으켜야 했다. 아무튼 나를 위해 타인을 심판한다는 것이 얼마나 어려운 일인가를 깨닫게 하였다. 나의 존재와 부재라는 최후의 명제 앞에서 결국 그날 밤 우리는 누가 살아남을지 결정을 내릴 수 없게 되었다.

어쩌면 세상을 살아간다는 것은 '난파선 게임'을 하고 있는 것이 아닌가하고 생각할 때가 많다. 특히 맞닥뜨린 대상이 나에 대한 이해나 사랑이 없을 경우에는 거의 절망스러운 상황이 된다. 진실이 진실로 통하지 못하고 설명이나 설득이 살아남기 위한 구차한 변명이 되어 버리고 만다. 그렇다고 쉽게 포기해 버리고 회피할 수도 없는 노릇이다. 벽을 향해 소리 지르듯 대화는 단절이 되고 요지부동의 극한 감정의 고립을 맛보게 된다. 그러나 같은 배에 갇힌 사람들은 다 같은 운명 속의 동행자 들이다. 서로가 서로를 구원하지 않으면 안 된다. 서로가 서로에게 협조자가 되어 공동의 생명을 이루어 내는 것이다. 비록 구명정이 아니라 부서진 배 조각이라도 나누며 고통을 견뎌야 한다. 아무리 심한 풍랑의 바다라 할지라도 바람이 잦아들고 시간이 지나면 험한 파도를 스스로 거둬 간다. 그리고 바다는 아무 일도 없었다는 듯 수심을 묻어두고 편안해 진다.

우리 인생은 수시로 망망대해를 표류하다 풍랑은 만난다. 그 때마다 닥쳐온 삶의 위기에서 처절하게 살아남기 위해 발

버둥을 쳐야만 한다. 심한 풍랑을 만나 배가 이리저리 출렁이고 기울어지면 가까이 있는 누군가를 부둥켜안고 중심을 잡으려 안간힘을 쓰다 구원의 손길을 만나게 된다. 그러고 보면 세상은 혼자서 살아갈 수도 살아남을 수도 없는 곳이다.

스무 살 시절, 인생이 무엇인지도 모르던 나이에 어떻게 그런 극단적인 절박한 실험을 하였는지 미소 짓게 한다. 벌써 이십여 년도 넘게 시간이 흘렀지만 그날 밤의 충격과 감동이 삶의 편린처럼 기억되어 있다.

최근 사소한 시비로 마음이 모진 풍파를 심하게 겪자 한동안 잊고 지내던 난파선의 게임을 다시금 생각하며 창밖을 내다보는 습관이 생겼다. 여느 때보다 발코니에 가득 찬 햇살이 넉넉하게 느껴진다.

거리의 모자母子

상하이시 古北 水城路에는 터줏대감처럼 모자母子가 매일 골목을 지키고 있었다. 열 살 남짓한 사내아이와 어린 아기를 옆구리 춤에 낀 엄마는 오래 동안 물 구경 한 번도 못한 더럽고 누추한 행색이었다. 그 모자들은 하루도 거르지 않고 사람들이 많아지는 시간이면 국제학교 건너편 스타벅스 커피점 화단 턱에 자리를 잡고 지나가는 외국인을 따라가 손을 내밀었다. 내가 처음 그들을 만났을 때만 해도 지친 아기를 들쳐 메고 내미는 그들의 손을 뿌리칠 수가 없어 얼마의 돈이라도 꺼내 주고는 하였다. 그러나 시간이 흐르면서 그 모자를 바라보던 측은한 마음을 점점 거두어들이게 되었다.

피천득 수필 '은전 한 닢' 에서 보았던 거지를 기대했던 나는, 그들을 보면서 가슴 속에 분노가 일기 시작했다. '은전 한 닢' 에서의 늙은 거지는 푼돈을 모아 전角으로 바꾸고 그렇게 다시 은전 한 닢으로 바꾸는 부푼 꿈을 가꾸고 있었다. 그러나 수성로 거리의 모자는 은전 하나가 손에 쥐어지면 '겨우' 하는 실망의 표정이었다. 이런 염치없는 모자를 지켜보고 있자면 분노 같은 것이 치밀지 않을 수 없었다.

부엌 창을 열고 내려다보면 그들의 하루생활을 고스란히 지켜보게 된다. 거리의 생활이 익숙해진 거지 모자는 아기를 화단 위에 풀어 놓고는 비스듬히 벽에 기대어 비교적 구걸하기 쉬운 외국인이 지나가기를 기다린다. 그러다가 국제학교의 수업이 끝나 아이들이 쏟아져 나오면 엄마는 눈짓으로 큰 아이를 구걸하러 보냈다. 생활에 여유가 좀 있고 인정이 후하게 보이는 중년이 나타나면 얼른 화단에 내려놓았던 아이를 옆에 끼고 따라가 아이를 보이며 손을 내밀었다. 인적이 뜸하다 싶을 때는 주변의 노점상들과 수다를 늘어놓고는 했다. 그녀의 번들거리는 여유 있는 표정으로 보아 거리에서 구걸이 그 모자에게는 마지막 생계수단이라기 보다는 안정된 직업으로 선택한 것 같았다.

직업에는 귀천이 없다는데 호구지책으로 구걸하는 직업을 가진 것이 무슨 큰 허물이랴. 그러나 또래 아이들이 학교에서 열심히 공부하는 동안 어미로부터 구걸하는 교육을 받은 그녀 아들이 십년, 이십년 후 어떤 모습으로 살아갈지 생각해보면 내 가슴의 분노를 잠재울 수가 없다. 동물의 세계에서도 어미의 보호와 교육은 중요한 일이다. 무리 속에 어우러지는 규범을 배우고, 사냥하는 법과 종족을 유지하는 가정교육이 본능적으로 이루어지지 않는가. 두 아이를 키우는 엄마로서, 생쥐처럼 반짝이는 두 눈에 땟국에 절은 고사리 손을 그대로 키울 것인가.

지루한 겨울이 지나고 水城路에도 춘절 분위기로 들뜨기 시작했다. 중국인들은 그들 최대의 명절인 춘절을 고향에서 보내기 위해 이것저것 준비 했다. 외국인들도 거의 보름 정도는 철시하는 상점들과 잠이 든 듯 비어버릴 도시에서 견딜 생필품을 사들이느라 걸음들이 바빴다. 그때였다. 가방을 늘어놓은 노점 앞 북적되는 사람들 사이에서 아이는 가방을 고르던 한 사람의 주머니 속으로 손을 밀어 넣고 있었다. 한 발자국 떨어진 등 뒤에서 다른 곳을 보는 듯한 모습으로 아들을 주시하고 있는 아이엄마의 눈빛. 그동안 마음속으로 거리의 母子와의 끊임없던 힘겨루기는 어이없이 끝나고 말았다. 세밑이 되자 상인들이 하나 둘 고향으로 떠나갔다. 며칠 동안 북적되는 거리에서 분주히 구걸하던 母子도 그믐날 오후가 되자 마침내 노점상들과 함께 사라졌다.

애주단상

내려앉을 것 같은 하늘을 이고 무거운 공기가 흐른다. 해마다 이맘 때 쯤 이면 어김없이 발에 끈적이게 달라붙는 눅눅한 징후가 감상과 익숙한 동반자가 된다. 굵은 빗줄기가 거세게 가슴을 밀고, 비에 젖은 고독이 방문을 두드리면 이런 날은 가장 오랜 벗을 버릇처럼 불러 앉히고 싶다. 내가 절교선언만 하지 않으면 평생을 마주 앉아 묵묵히 인생을 같이 할 친구, 비가 오는 날은 한 잔 술을 청하고 싶다.

燒酒

학창시절 한 학기를 끝내는 시험을 마치고 나면 방학과 함께 때를 맞추어 장마가 시작되었다. 시험이 끝나면 약속을 하지 않아도 누구랄 것도 없이 학교 앞 분식집에 모여 집으로 돌아갈 차비도 남기지 않은 채 주머니를 털어 찌개 한 냄비에 소주잔을 들었다. 빗속을 따라온 후텁지근한 습기가 소주 맛을 돋구었다. 낙숫물 뚝뚝 떨어지는 소리에 시끄러운 선풍기 바람소리, 졸음 쫓는 주인아주머니의 라디오 소리, 점점 혀가 꼬부라져갈 때 쯤 모든 소리를 앞서 제 소리를 내기 위한 시합에서 더러는 전자계산기를 맡기기도 하고 마음 좋은 선배의 점퍼를 벗기고 시계를 풀기도 했다. 사랑과 우정이 최고의 덕목이던 시절 소주 한 병의 가치는 우리들이 가진 어떤 것보다 가치를 우선했다.

洋酒

깊어가는 봄밤, 유리창에 부딪치는 빗방울소리 꿈을 이루지 못해 심한 변비환자처럼 마냥 끙끙 앓던 시절. 연구실 창가에 애써 가꾼 난초의 화려한 꽃망울이 터진 밤 어찌 축배가 없을 수 있을까. 가진 것 없던 동료들은 외유가 잦던 교수님 서가에서 양주 한 병을 몰래 취했다. 난초 향에 취하고, 익어가는 밤에 취하고 불확실한 미래를 앓는 젊음에 취하고, 다음 날 모른 척하시고 다시 한 병을 채워 놓으시던 스승께 감사한 마음으로 우리는 취하기를 거듭했다.

麥酒

숨 막히는 도시에서 길을 걷다 문득 차가운 비속을 걸어가는 청량음료 같은 그녀가 그리울 때가 있다. 맥주는 마치 단발 머리한 처녀가 처음으로 퍼머 머리를 한 숙녀의 설레임 같은 것, 그리고 서쪽 하늘을 붉게 물들이는 저녁노을의 너그러움을 가지고 있다. 샘물처럼 맑지도 탁류처럼 흐리지 않고, 그 도수가 너무 순하지도 높지도 않다. 값은 또 어떠한

가. 싸지도 비싸지도 않는 중용의 군자다움이 있어서 언제나 가까이서 대할 수 있어 좋다. 오랜 친구들이 모인 시끄러운 자리에서 격식을 차리지 않아도 나무랄 이 없고, 남편과 함께한 오붓한 저녁 무겁지 않은 청량감으로 함께 하기도 하고 찰랑이는 호수를 바라보며 사색에 빠져 한 마디 말보다도 후련한 갈증해소를 하기엔 이 보다 더한 벗은 없었다.

黃酒

가슴이 가난한 날은 잔을 데워 따뜻한 황주를 마신다. 코끝을 자극하는 짙은 이국적 향기가 있어 처음 가까이하기엔 용기를 필요로 한다. 그래도 황주 하면, 정원이 아름다운 공을기 주점을 떠올린다. 팔각 창틀 너머로 연못에 동그라미를 그리는 빗물을 세며 마시는 알싸한 맛을 어찌 잊을까. 백면서생 공을기가 책 도둑질로 연명하다 양반에게 죽도록 곤장을 맞아 절룩거리며 나와 마시던 외상술 맛은 어떠했을까. 그를 따라 회양 콩 한 접시를 주문 하지만 孔乙己의 저린 상처가 다가오기 전에 타향살이에 지쳐 아리던 내 가슴이 먼저 따듯하게 녹아들어 황주가 술술 넘어 갔다.

淸酒

이슬비가 소리 없이 옷을 적시고 마음을 나눌 친구가 생각날 때는 거리에서 그녀가 좋아하는 후레지아 꽃 한 다발을 사고 싶다. 그럭저럭 번잡한 일본인 상점에서 청주 한 병을 사서 준비한 보온병에 옮겨 담을 때 누군가가 등 뒤에게 수상한 눈으로 바라볼 지도 모른다. 그래도 두 손에 떨어지는 낙숫물을 받는 마음으로 비 오는 날, 한 끼 점심이나 하자고 친구를 청하고 싶다. 청주의 깔끔함과 무겁지 않음이 마음을 즐겁게 하고 은은하게 베인 향이 비가 그칠 때 까지 남아 우리가 나눈 담소를 오래오래 간직하고 있을 것만 같다.

白酒

술중의 술로는 역시 백주를 꼽지 않을 수 없다. 세상만사 모두 완전히 잊어버리고 싶을 때 말이 필요 없는 벗이 있어 백주다. 백주를 마시면 우선 기분이 황홀하다. 목을 타고 흐르는 짜릿함이 통쾌하게 고뇌를 벗어버리고 쨍한 일침으로 영혼을 질타하면 실타래처럼 얽힌 하루가 흘러내린다. 모든 번뇌는 마음에서 일어난 일. 한 번 풀린 실타래는 다시 엉켜도 처음처럼 복잡하지는 않다. 하루쯤 모질게 마음을 다스리고 새날이 밝았을 때 흔적 없이 훌훌 털고 일어설 수 있는 백주를 그 누가 마다 할 수 있을까.

최봉희
bongjuri@paran.com

제월과 광풍을 현판에 걸어 마음을 다스린 옛 선비처럼 나 역시 나이가 들어 책을 읽으면서 맑은 날의 바람을 만나고 비갠 뒤의 달을 만나는 기쁨을 접하고 싶다. 살면서 불편함을 짐짓 즐길 줄 아는 때가 오면 내 손으로 농사를 지으면서 덜도 더도 말고 초가삼간 하나 지어 살았으면 하는 바람이다. 너른 들이 펼쳐진 곳에서 달도 보고 청풍을 만날 수 있는 그런 초가삼간에 응당 무쇠 문고리에 무쇠 경첩 달린 책장도 갖추고서 말이다.

초가삼간을 지어서

가슴에 품은 작은 꿈이 하나 있다. 그것은 노년이 되어서 자연과 벗하면서 초가삼간을 짓고 농사도 지으며 글을 쓰고픈 욕심이다. 아직은 지천명知天命을 바라보는 젊은 나이라 말 그대로 꿈으로 끝나버릴 허황된 생각일지 모른다. 하지만 그렇게 가슴에 꿈을 품고 살고 싶은 것이다.

'십년을 경영하여 초려 삼간 지어내니 / 나 한간 달 한간에 청풍 한간 맡겨두고 / 강산은 들일 데 없으니 둘러두고 보리라'

조선 중기의 문신 송순宋純 1493~1583이 그의 말년에 정자 '면앙정'을 짓고 노래한 시조다. 수업시간에 이 시조를 가르치다 되면 어느새 언성이 높아지기도 하고 가끔은 흥분하기까지 하게 된다. 나도 모르게 이 시조에 그냥 푹 빠져들게 되는 것이다. 그렇게 살고 싶은 속마음 때문이리라. 눈에 그려지는 풍류적인 모습이 좋아서가 아니다. 고즈넉한 자연 속에서 유유자적한 삶을 살고 싶은 생각뿐이다. 10년이나 걸려 초가삼간 한 채 지은 안분지족安分知足의 삶이 부럽다. 더욱이 한 칸은 자신이 쓰고 다른 두 칸은 달과 바람에게 맡기겠다고 한다. 집 앞에 강산은 들일 곳이 없으니 그대로 둘러두고 보겠다는 심사다. 얼마나 멋진 생각인가. 자연과 더불어 사는 여유로운 삶이 부러운 것이다.

얼마 전 지인들과 함께 창덕궁 비원에 간 적이 있다. 왕실 도서관인 주합루 뒤에 서고인 서향각을 찾았다. 거기에 딸린 별채 건물이 하나 있었는데 '제월광풍관霽月光風觀' 이라 불리는 정자다. 대개 누정 뒤에 오는 명칭이 '각閣' 이나 '당堂' 임에도 볼관觀자를 쓴 것이 이채롭다. 이렇게 이름 하나하나에도 나름대로의 특별한 의미를 지니고 있다. 일반적인 의미로 '각閣' 은 석축이나 단상에 높게 지은 집으로 다소 격식이 있는 건물을 말하고, '당堂' 은 주거형식의 건물로 방이나 대청이 있는 건물을 말한다. '정亭' 이란 정자의 약어로 포괄적인 의미로 쓰인다. '대臺' 는 높이 쌓아서 사방을 바라볼 수 있는 곳에 위치한 정자 형태다. 그렇다면 관觀은 무엇일까? 어쩌면 세상을 책을 통해 보다 멀리 내다보고, 깊게 바라보고픈 소망 때문이 아닐까?

'제월광풍霽月光風' 이란 명칭은 중국 송나라 때 시인 황정견黃庭堅 : 1045-1105이 주돈이의 인물됨을 그린 '송사宋史' '주돈이전' 에 실린 글에서 유래되었다. '흉회쇄락 여광풍제월胸懷灑落 如光風霽月' 이라는 글이 바로 그것이다. '가슴 속에

품은 뜻이 맑고 깨끗해 마치 비온 뒤의 햇빛과 청량한 바람 불어 맑은 날 밝게 비추는 달빛' 이란 의미다.

전라남도 담양 소쇄원瀟灑園에도 제월당霽月堂과 광풍각光風閣이라는 누정이 있다. 아마도 창덕궁의 제월광풍관에서 연유된 이름인 듯싶다. 소쇄원 제월당은 '비 개인 하늘의 상쾌한 달' 이라는 뜻의 팔작지붕 건물로 주인이 거처하는 곳이다. 광풍각은 손님을 위한 사랑채로 '비 갠 뒤 해 뜨고 청량히 부는 바람' 이라는 뜻을 지녔다. 여름에 통풍이 잘 되도록 문을 들어 올릴 수 있는 한옥의 문짝 설계로 지혜로운 선인의 풍모을 짐작할 수 있다.

그 명칭에서 알 수 있는 것과 같이, 음과 양, 비와 맑음을 대비한 절묘한 이름의 배치가 아닐 수 없다. 이들 집들은 궁궐 안에 혹은 자연 속에 있는 집이기에 살림집은 아니다. 부엌이 딸리지도 않았다. 정자에 방을 들인 모양으로 보나 방안에 벽장까지 꾸며 놓은 것으로 보아 분명 누군가 거처했던 곳이다. 아궁이를 들여다보니 솥이 걸리지 않았지만 불을 땔 수 있는 함실아궁이였다. 장작을 지피는 백성들의 아궁이와는 사뭇 다르다. 궁궐에서 하던 대로 화로에 숯을 피워 구들 밑으로 밀어 넣게 되어 있었다.

그런데 왜 하필 주합루 뒤편 높은 언덕에 이처럼 폐쇄된 작은 정자를 지어 놓았을까? 조선 정조 원년(1777)에 지어진 주합루는 원래 연회장으로 지어진 것이다. 하지만 한때 아래층은 규장각 서고로 사용한 적이 있다. 주합루 주변에 과거 시험장이 있었다. 이곳은 장원급제한 유생을 왕이 친견하던 곳이 아니었을까? 유생들을 위해 축하 연회를 열면서 왕이나 백관들이 자주 들러 책을 읽던 장소였으리라 . 주합루와 서향각에는 주로 임금이 읽는 중요 책자가 보관되어 있다. 주로 서향각이 공동 열람실 구실을 했다면 '제월광풍관은' 조선시대에는 수고한 모범 관리들에게는 독서 휴가를 준 곳이 아니었을까?

당시 기록에 의하면 주로 품계가 높은 관리에게 안식년 비슷하게 6개월이고 1년간 휴가를 주어 책을 읽도록 권면했다. 말하자면 위로휴가인 셈이다. 이 때 휴가를 받은 관리들이 집이나 향리에 내려가서 소일하기도 했지만, 주합루 서향각에 있는 책을 빌려서 제월광풍관에 쌓아놓고 읽었다. 바로 그 벽장이 책을 보관해 두었던 곳이다. 말하자면 벽장이라기보다는 서가요 책장이었던 것이다. 그러니까 독서휴가 받은 당상관들의 전용독서실인 셈이다. 특히 제월광풍관은 임금님도 쉬면서 책을 읽었던 곳이라고 하니 그 의미가 사뭇 정겹다.

제월광풍관은 우리 조상의 혼이 깃든 아름다운 집이라 할 수 있다. 심신이 힘들 때 가서 책을 읽고 쉬고 싶은 그런 곳이었으리라. 책을 대하고 학문을 대할 때마다, 맑은 날 바람처럼, 비갠 뒤 달과 같이 마음을 다스렸으리라. 만일 그리하지 않았다면 후일 그 학식이 아무리 높다한들 십중팔구 탐관오리가 되었을 것이다. 제월과 광풍을 현판에 걸어 마음을 다스린 옛 선비들의 고매한 정신이 돋보인다. 나 역시 나이가 들어서 이처럼 책을 읽으면서 맑은 날의 바람을 만나고 비갠 뒤의 달을 만나는 기쁨을 접하고 싶다. 노년의 삶을 그렇게 보내고 싶은 것이다.

나 역시 살면서 불편함을 짐짓 즐길 줄 아는 때가 온다면, 한 10년은 작정하고 내 손으로 농사를 지으면서 덜도 더도 말고 초가삼간 지어 살았으면 하는 바람이다. 너른 들이 펼쳐진 곳에서 달도 보고 청풍도 만날 수 있는 그런 초가삼간에 응당 무쇠 문고리에 무쇠 경첩 달린 책장도 갖추고서 말이다.

무슨 멋으로 사는가

"최 선생~! 세상을 무슨 멋으로 살아요?"

"아니, 글 쓰는 사람이 술 한 잔 못하면서 어찌 좋은 글을 쓸 수가 있겠어요?"

오늘도 역시 한 모임에서 이 말을 여지없이 또 들었다. 나를 잘 모르는 처음 뵌 분들은 십중팔구 이렇게 위로 섞인 말을 나에게 건네곤 한다. 그 이유는 첫째 내가 술을 전혀 못하기 때문이요. 둘째는 전혀 담배를 필 줄 모르기 때문이다. 나는 그때마다 궁색한 변명일지 모르지만 이렇게 대답한다.

"글 쓰는 멋에 살고, 봉사하는 보람에 살지요"

대학시절 새내기 때로 기억한다. 나의 체구는 겉으로 보기엔 듬직한 편으로 구수한 막걸리 타입이었다. 그 때문인지 대학 M · T 첫 날에도 술 한 잔 못하는 나에게 선배의 권유에 못 이겨 막걸리 한잔을 기분 좋게 들이킨 적이 있었다. 안주는 고작 김치 한 접시 달랑이었다. 그리고 더운 날씨 탓에 걸쭉한 막걸리 한 잔을 또 마셨다. 그것이 문제였다. 갑자기 얼굴이 붉으락푸르락하더니만 숨이 탁탁 막히는 것이다. 그리고 손과 가슴에 홍반이 부지기수로 생기는 것이 아닌가. 더욱이 입에서는 알코올 냄새가 푹푹 풍겼다. 마치 나 혼자서 모든 술을 다 마신 듯 오해받을 만큼 취해 있었다. 단 두 잔의 막걸리였는데도 말이다.

술을 마실 때만은 다른 사람들과 분명 체질상 많이 달랐다. 그때서야 나는 다른 사람과 달리 술과는 아주 인연이 먼 사람임을 깨달았다. 그 이후에는 가능하면 술 마시는 일을 자제하곤 한다. 어쩌다 술을 마시면 몸이 괴롭고 무엇보다도 이웃에게 불편을 주기 때문이었다.

누구를 원망할 것인가. 체질상 그렇게 타고난 몸이기에 어쩔 수 없는 일이다. 그 때문에 인간관계에 다소 문제가 생기곤 했다. 서로 얽힌 일이 있으면 술 한 잔하고 탁탁 털어버릴 수도 있는데 그러지를 못했다. 또 어떤 회합에 가면 술 대신 사이다나 콜라로 들다 보니 왕따를 당한 기분도 들곤 했다. 물론 많은 사람들이 너그럽게 그런가보다 하고 이해해주었다.

아무튼 가능하면 술과 거리를 두고 생활할 수밖에 없었다. 그러다보니 자연스럽게 독실한 기독교인이기에 술을 안 한다는 오해 아닌 오해도 들었다. 솔직히 말하면, 술을 못하도록 하나님이 내게 주신 체질 때문이었고 그 다음이 신앙 때문이었다. 아무튼 내 몸에는 알코올 분해요소가 아예 없단다. 약국에서 파는 드링크제를 마셔도 취할 정도이니까.

어느 날이었다. 졸업한 제자 녀석이 군에서 휴가 나왔다며 건강음료를 내게 건넸다. 제자가 가져온 것이기에 옆에 계신 다른 선생님들께 나누고 나 역시 제자가 가져온 고마움에 한 병을 들이켰다. 그런데 웬걸~! 그만 얼굴이 홍당무처럼 빨갛게 된 것이 아닌가? 바로 수업에 들어갈 시간이었는데도 말이다. 속이 더부룩해지고 얼굴이 화끈거렸다. 손에 역시 붉은 반점이 보이기 시작했다. 얼른 냉수를 두 컵이나 들이켰다. 그렇지만 그 알코올 기운은 금방 사라지지 않았다.

우리 학교는 감리교 계통의 기독교 학교다. 이 모습을 교장 선생님이나 교감 선생님께서 보셨다면 경을 칠 일이 아니던가. 난감한 상황이었다. 아무튼 수업에 들어갔다.

"선생님~! 약주 드셨어요?"

앞자리에 앉은 말썽장이 선형이가 대뜸 나에게 묻는 것이 아닌가. 어디선가 아이들도 수군거리기 시작했다. 한참이나 그 연유를 설명했다. 아이들은 "에이~ 약주한 잔 하시고 오셨잖아요." 처음엔 아이들도 믿지 않았다. 입에서 알코올냄새가 풍겼기 때문이다. 영락없이 술을 먹고 수업에 들어온 염치없는 선생님이 되고 만 것이다. 그 이후에는 박카스같은 드링크제를 마시지 않는다.

나는 커피를 마시지 않는다. 커피만 마셨다하면 바로 화장실로 달려가야 하기 때문이다. 빈속에 커피를 마시면 십중팔구는 화장실 행이다. 그러다 보니 녹차를 즐겨 마시는 편이다. 이 역시 불편한 점이 없지 않아 있다. 다른 사람들은 모두 커피를 마시는데 나만 유독 녹차를 마시는 특별한 존재가 되고 있으니 말이다. 나 스스로 건강을 지키기 위해서도 아니고 체질상 그럴 수밖에 없는 상황이다.

어느 추운 날, 학교 앞에서 호루라기를 불며 교통지도를 설 때였다. 어떤 제자 녀석이 따끈한 커피 캔을 사오는 것이 아닌가.

"선생님, 날씨가 제법 추운데 이거 들고 하세요."

참 눈물이 날만큼 고맙고 감사한 일이다. 하지만 그 고마움에 받아들기만 할 뿐 어쩔 수 없이 커피를 끝내 마시지를 못한다. 그저 주머니에서 그 온기를 손으로 느끼며 감사할 뿐이다. 그저 나를 생각하는 그 고마움만을 받을 뿐이다. 사실 그 학생에게 참 미안한 일이다. 그래서 혹 녀석들에게 오해를 받을까봐서 아니 너무나 미안하기에 틈이 나면 그 연유를 설명해주곤 한다. 오해 없기를 바라는 마음에서다. 그 다음부터는 나를 아는 제자 녀석들은 언제나 바나나 우유를 사오곤 한다. 어린애처럼 바나나 우유를 제일 좋아하기 때문이다.

담배도 마찬가지다. 대학시절 처음으로 뻐끔 담배를 몰래 피워본 적이 있다. 영화나 드라마에서 멋진 모습으로 비춰진 탓도 있었지만 성인이 되었으면 으레 담배를 피어야 한다는 선입견이 들었기 때문이다. 그런데 역시 담배도 나와 친구가 될 수 없었다. 담배를 피우는 그 고통스런 잠시 잠깐의 순간을 넘기지 못했다. 그 니코틴 냄새가 역겹게 느껴졌기 때문이다. 지금도 그 냄새만 맡으면 토할 것 같아 참기 어렵고 괴로운 것이다. 무엇 때문에 이런 걸 태우는가 싶었다. 군대에서도 고된 훈련 후에 피는 담배 한 개 피가 그리도 맛이 있다고 했다. 담배 한 개 피 나눠 피우는 전우애가 그곳에 꽃피기 때문이다. 하지만 그 시간만큼 언제나 나에겐 고역이었다. 다른 친구들은 담배를 한 대 물고 편안한 휴식이 되었다면, 나는 그저 외진 곳에 가서 서성거리거나 시원한 물 한 잔 마시는 것으로 휴식을 대신하곤 했기 때문이다. 그래서 때론 범생이란 얘기도 자주 들었다. 지금도 그렇지만 담배를 피우는 장소에는 가능하면 가지 않으려고 노력하는 편이다. 요즘에는 금연 장소가 따로 설정이 되어 있어서 무척 다행스럽긴 하다.

아무튼 나의 특이 체질로 인해서 여러 가지 불편한 점이 없지 않아 있다. 하지만 하나님이 내 몸을 잘 간수하라는 뜻이 담긴 은혜일 수도 있고, 어쩌면 술고래보다는 좋은 글 많이 쓰는 글고래가 되라는 축복인지도 모른다. 어느 누군가가 나에게 다시 '무슨 멋으로 세상을 사느냐' 고 묻는다면, 글 쓰는 멋으로 살고, 봉사의 보람으로 산다고 말하리라. 어떤 사람들은 글쓰기가 고역이라고 한다. 하지만 나에겐 세상을 사는 행복한 글쓰기가 되고 있다. 나 역시 그 속에서 인생의 맛을 즐기고 있기 때문이다.

더불어 이웃과 함께하는 봉사의 보람을 통해 인생의 참 맛을 즐기고 있다. 학교에서 교회에서 가르치는 일로 늘 분주하지만 미력하나마 어려운 이웃과 함께 하면서 삶을 배우는 보람의 맛으로 세상을 살고 있다. 손길이 필요한 곳이면 어느 곳이든 달려가서 그들과 함께하는 인생의 재미를 흠뻑 느낄 수 있기 때문이다. 더군다나 그들에게서 인생을 사는 보람이란 큰 것을 배우지 않던가.

줄탁동시 口卒 啄同時

"봉주리 선생님~! 오늘 저 상담할게 있는데요?"

"그래요, 방과 후에 찾아오렴."

점심때나 방과 후가 되면 교무실로 적지 않은 학생들이 나를 찾아온다. 대학 수시모집을 앞두고 매년 벌어지는 현상이다. 상담내용은 어느 대학에 지원할 것인지에 관한 진로문제로부터 시작하여 어려운 가정사 문제, 자기와 가까운 남자친구 얘기, 혹은 심지어 성문제 상담에 이르기까지 다양하다. 그런데 많은 학생들이 대부분 자기 말만 장황하게 늘어놓기만 한다. 자기의 상황을 제대로 인식하지 못하고 준비되지 않은 경우가 대부분이다. 물론 그렇기에 미성년이고 배우는 과정에 있는 학생이지 않은가. 다만 자신의 문제를 구체적으로 생각하지도 않고 자신에 대한 냉철한 인식도, 고민의 흔적도 보이지 않는 것이 안타까울 뿐이다.

학생들의 대부분은 나의 애정 어린 충고를 귀담아 들으려 하지 않는다. 자신의 주장만을 앞세울 뿐이다. 이럴 땐 솔직히 언짢은 기분이 든다. 그러나 '미운 놈 떡 하나 더 주고 고운 놈 매 한대 더 준다.'는 말이 있지 않던가. 무슨 문제로 나를 찾아 왔는지, 어떤 점에 관해 도움을 받고 싶은지 등에 상세하게 질문을 하곤 한다.

상담하다보면 눈물겨운 사연들을 자주 만나곤 한다. 요즘 부모 이혼으로 인한 생활고를 겪는 학생들이 참 많다. 그들에게 어떤 도움을 줄지 난감할 때가 있다. 나로서 해결할 수 있는 역량이 많이 부족하다. 그저 그 아픈 사연을 들어주는 것으로 위로하고 격려할 뿐이다. 그뿐만 아니라 힘센 학생들에게 괴로움을 당한 아이, 컴퓨터 중독에서 벗어나길 소망하는 아이 등등, 사연은 가지각색이고 천차만별이다.

사실 교사로서 학생상담은 처음엔 부모의 입장이거나 친구의 입장이었다. 그런데 막상 학생들과 함께 하는 교사가 되다 보니, 나도 모르게 학생을 위로하고, 지지해 주고, 격려해야 함에도 때론 다그치거나 야단치는 경우가 있다. 학생의 입장에서 보면, 선생님의 꾸중이 결코 달갑지 않을 것이다. 사실 나의 꾸중을 듣고 있는 학생의 표정을 바라보다 보면, 오히려 꾸중을 하지 않는 것이 더 속 편할지도 모른다는 생각을 가끔은 한다. 하지만 학생의 잘못을 보고도 못 본 채 하는 것은 교사의 도리로서도 그렇고 교육자로서 바람직하지 못한 자세이거니와 학생에게도 아무런 도움이 되지 않는다. 몸에 좋은 약은 입에 쓴 법이다. 마음에 좋은 소리는 귀에는 쓴 법이다. 돌이켜 보면 나의 잘못을 지적하고 꾸짖어 주신 옛 스승의 가르침이 결국 오늘날의 나를 여기에 있게 하지 않았던가.

며칠 전 어느 교육기관에 업무 차 방문한 적이 있었다. 그곳 현관에 들어서니 '줄탁동시口卒 啄同時' 글이 눈에 띄었다. 나중에 알고 보니 중국 송나라의 불서 '벽암록碧巖錄' 에 실린 글로 교육계에서 많이 회자되는 의미심장한 용어였다. 그 어휘의 뜻을 살펴보니, 닭이 알을 품었다가 달이 차면 알속의 병아리가 안에서 껍질을 쪼는 것을 '줄口卒' 이라 하고, 그 반대로 어미 닭이 그 소리를 듣고, 밖에서 마주 쪼아 껍질을 깨뜨려 주는 것을 '탁啄' 이라고 했다. 그런데 줄과 탁은 동시同時에 일어나야만 온전한 병아리가 되고, 나아가서 닭으로 성장할 수 있다는 것이다. 다시 말하면 안팎의 두 존재의 힘이 함께 알 껍질에 작용될 때라야 비로소 병아리는 온전한 생명체로 이 세상에 태어난다는 뜻이다. 병아리가 세상에 나오려는 중요한 시기를 놓쳐서는 안 된다는 중요한 뜻을 담고 있다.

'바위에 계란 치기' 란 말이 있듯이 우리는 계란을 아주 약한 것으로 알고 있다. 하지만 연약한 병아리로서는 계란 껍질을 깨기란 그리 쉬운 일이 아닐 것이다. 병아리가 세상으로 나오기 위해서 계란껍질을 혼자서 수없이 쪼아대어 입이 닳아 없어질 정도로 줄口卒의 노력을 해야 하기 때문이다. 어미 닭의 탁啄은 이러한 병아리의 노력에 길을 터주는 역할을 할 뿐이다. 병아리로서는 어미 닭의 탁啄의 도움으로 세상밖에 온전히 나오고 싶을 것이다. 그러나 탁啄으로만 세상밖으로 나온 병아리는 쉽게 병들어 죽거나, 살더라도 건강한 닭으로 성장하지는 못할 것이다.

요즘 안타깝게도 이런 저런 일로 '줄탁동시' 가 줄어든 상황이다. 제자와 스승의 참다운 대화가 사라져 가고 있는 것이다. 대학 진학이라는 결과만을 중시하는 교육풍토 속에서 마음과 마음이 스치는 끈끈한 대화가 줄어든 것이다. 그 때문에 돌이킬 수 없는 회한悔恨속에서 어려움을 겪는 교사와 학생들을 많이 보게 된다. 어려운 상황을 기회로 여겨 성공하는 사람도 있지만, 자포자기하는 학생들이 대부분이다. 모두가 '줄탁동시'가 이루지지 않았기 때문이리라.

교육을 국가의 백년대계百年大計라고 말한다. 하지만 요즘 실패를 거듭하여 교육은 신뢰를 잃은 지 오래다. 그러나 이런 때일수록 스승에게는 '탁啄'을 해 줄 수 있는 안목과 지도가 절실히 필요한 상황이다. 제자 또한 스승을 존경하고 학업연마와 인격도야에 전념하여 꾸준하게 '줄口卒'을 해야 함은 분명한 사실이다. 솔직히 나는 교사로서 '탁啄'의 자질을 갖추고 있다고 장담할 수 없다. 나를 찾아오는 학생들에게선 관심과 격려로 그들의 말을 들어주고 격려하는 일에 열중하지만, 그리 쉽지 않다. 질 좋은 수업을 위해 나름대로 각종 연수에 참가하고 교과연구에도 나름대로 노력하지만 그 역시 부족할 뿐이다.

성경을 보면, "암탉이 그 새끼를 날개 아래 모음 같이 내가 네 자녀를 모으려 한 일이 몇 번이더냐(마태복음 23장 37절)", "암탉이 제 새끼를 날개 아래 모음같이 내가 너희의 자녀를 모으려 한 일이 몇 번이냐(누가복음 13장 34절)"라는 구절이 있다. 어미 닭이 매나 까마귀 위험에서 날개 아래 자기의 새끼들을 안전하게 보호하려고 긴급하게 불러 모으는 모습이리라. 물론 암탉은 예수를 비유한 표현이다. 이처럼 병아리는 '보호해야 할 마땅한 생명'이며 그리고 '생명이 탄생하는 신호'를 지닌 의미심장한 대상이다. 언젠가 훗날,

병아리가 커서 힘찬 울음으로 새벽을 깨우고, 빛의 도래를 알리는 귀한 존재로 성장하기 때문이다.

"애들아 ! 어서 오렴 ! 여기 사탕 하나 들어보렴."

오늘도 '부리로 껍질을 두드리는 소리, 우는 소리, 쪼는 소리' 를 듣고자 귀를 쫑긋 세우고 가슴을 열어 본다.

우리 동네 동장님

우리 마을의 동장님은 여자분 이시다. 그런데 그녀에게는 뭔가 특별한 것이 있다. 그녀를 처음 만난 것은 작년 여름, RCY(청소년적십자) 단원들과 벽보 제거 및 오물 수거를 위한 봉사활동에서였다. 장맛비가 내린 뒤라 거리마다 각종 쓰레기로 넘쳐났다. 하지만 또다시 닥쳐올 장마에 대비하여 배수로 정리 작업과 쓰레기 및 불법벽보를 수거하는 일이었다. 10여명의 동사무소 전 직원이 나와 있었다. 그들만으로는 거리의 산더미 같은 쓰레기를 다 감당할 수 없었다. 그 때문에 학교와 군부대에 긴급 지원을 요청한 것이다.

휴일이지만, 도움을 요청한 어느 곳이든 달려가는 것이 적십자 봉사원의 임무다. RCY 단원 30여명과 함께 아침 9시에 동사무소에 집결했다. 여름방학임에도 불구하고 협력하여 선을 이루는 아름다운 일에 동참했다. 땡볕 속에서 땀을 흘리며 봉사하기를 4시간, 시원한 음료와 아이스크림은 한 줄기 땀을 식히는 큰 격려가 되었다. 물론 봉사활동에는 우리만 있는 것은 아니었다. 60-70대의 어르신은 물론이고 주부 봉사원, 군부대에서도 많은 장병이 함께 했다.

우리들은 장갑과 칼을 하나씩 손에 들었다. 어릴 적 역전에서 산더미처럼 쌓아놓은 통나무 껍질을 벗기던 그런 창칼이었다. 중동 오일쇼크와 석탄가격이 천정부지로 오르던 시절, 난방비를 절약하기 위해서 고육지책으로 행하던 일이 나무껍질을 이용한 난방이었다.

우리들의 임무는 길거리 전봇대나 벽에 붙여진 불법벽보와 광고지를 떼어 내는 일이었다. 겉으로는 보기에 쉬운 일처럼 보였지만 한마디로 힘겨운 노동이었다. 전봇대에 물뿌리개로 물을 뿌린 후에 날카로운 칼로 벽보를 제거하여 거리를 깨끗하게 하는 일이었다. 무더운 여름, 땡볕 아래서의 작업은 한마디로 힘겨운 봉사였다. 더욱 약 오른 것은 분명 벽보를 제거했음에도 불구하고 또 연이어서 무더기 광고물이 버젓이 붙여진다는 사실이다. 불법 광고 용지를 붙이는 사람 따로 있고, 그것을 제거하는 우리들과의 연결고리는 쉽게 끊어지지 않았다.

그런데 우리와 함께하는 봉사원 중에 유독 눈에 띄는 사람이 있었다. 마른 체격에 안경을 쓴 가냘픈 몸매의 아줌마였다. 사납게 내리쬐는 땡볕에 조금도 굴하지 않고 우리들과 똑같이 휴지를 줍고 벽보를 떼고 있었다. 마치 환경미화원 아주머니처럼 열정적으로 일을 하고 있었다. 나중에 알고 보니 우리 마을 권혁임 동장님이시란다. 여성 동장님이란 사실도 놀랐지만, 거리낌 없이 직접 벽보제거 작업을 하는 열정에 깜짝 놀랐다. 그런데 그 일이 한 두 번이 아니었다. 직접 손을 걷어부치고 묵묵히 일을 하는 것이다. 그러다보니 동사무소 직원들도 그냥 손 놓고 있을 수 없었던 모양이다 싶었다. 매주 휴가를 반납하고 민원인들을 찾아 만나고 업무처리를 위해서 동분서주한다는 것이다. 나는 지금껏 시장 혹은 군수님이나 국회위원 등 이름께나 있는 지역유지 뿐만 아니라 면장님, 혹은 동장님들을 여러분 직접 만난 적이 있다. 오늘처럼 이렇게 동사무소 직원뿐만 아니라 시민들과 함께하는 공직자를 처음 보았다. 대부분 얼굴만 비춰고 생색만 내다가 사라지는 것이 그들의 본분이다. 물론 시정 업무에 바빠서 그렇다손 치더라도 이처럼 자신을 돌보지 않고 헌신하는 사람들을 일찍이 본 적이 없다. 참여정부가 들어선 이후, 세상이 바뀐 것인가? 말그대로 공복의 이름으로 주민들과 함께하는 행정의 본보기를 직접 만날 수 있었다. 물론 처음에는 의심스러웠다. 한 두 번의 생색내기쯤으로 하는 의례적인 모습이라고 나름대로 짐작했었다. 그런데 봉사행정의 모습을 나는 여러 번 목도했다. 봉사활동을 나갈 때면 어디서든 그녀를 꼭 만나곤 했다. 더욱이 수고한다면서 자신의 주머니를 털어서 봉사자들에게 아이스크림을 사주는 모습을 자주 목격하곤 했다. 연약한 여성의 이미지와는 사뭇 다른 모습이었다. 맡은 일에 대한 열정과 섬세함과 당찬 모습이 눈에 들어왔다. 겉모습으로 보면 여장부라기보다는 따뜻하고 인정이 넘치는 아줌마, 환한 웃음으로 맞이하는 열성적인 봉사자라고 말해야 옳을 것 같다.

올해도 여지없이 태풍이 불어오고 큰 장마가 파주에 들이닥쳤다. 하지만 몇 년 동안 태풍이 몰려오고 장대비가 내려도 파주는 끄떡없었다. 그 이유는 길거리와 하수구 청소는 물론 수해를 대비한 철저한 준비가 있었기 때문이다. 곡릉천 주변 오물 수거 및 배수로 청소에 군관민이 한 마음으로 참여한 덕택이다. 그 일선에는 철저히 대비하도록 독려하는 시공무원과 민관군이 있었기에 가능한 일이었다.

며칠 전에도 우리 RCY단원 20여명이 파주주택단지 단독주거지에서 오물 수거에 나섰다. 역시 동사무소 전 직원이 나와서 휴일임에도 우리와 함께 했다. 노란 포대를 하나씩 들고 거리와 배수로에 버려진 오물을 수거하는 청소에 전념하고 있었다. 어떤 교회 사람들은 시원한 냉수를 흔쾌히 내주었고, 한 음식점 주인은 커피를 타서 봉사자 한 명 한 명에게 수고한다며 나눠주곤 했다. 참으로 파주시 공동체가 만들어낸 끈끈한 인정이자 사랑이었다.

파주는 매년 상습수해지역이다. 바로 파주 북쪽에 임진강과 한강이 교차하는 곳이라 범람하면 곧바로 큰 피해를 입는 곳이다. 몇 해 전에는 문산과 금촌 지역에 물난리로 고무보트를 타고 시내를 다닐 정도였다. 하지만 작년부터 상황이 달라졌다. 다른 지역은 수해로 인해서 물난리를 겪고 있는 상황임에도 파주는 수해 피해가 전혀 없다. 임진강이 범람위기라는 보도가 있었지만 수해와는 전혀 상관없는 지역이 된 것이다. 파주 시민들은 대부분 의아해 했다. 그것은 다름 아닌 거리에 산재한 오물을 수거하고 장마에 대비한 배수로를 깨끗이 정비한 덕택이었다. 민관군이 합심에 만나면 거리의 오물을 치웠고, 날마다 거리 청소를 깨끗이 한 덕분이었다. 그 선두에는 묵묵히 봉사행정을 펼치는 파주시 공무원들이 있었다. 그래서 요즘 파주는 대한민국의 대표도시라고 일컫기도 한다. 이 모든 것이 유화선 파주 시장을 비롯한 파주시 공직자의 각

고의 의지와 노력 덕분이었고 이와 함께한 시민들의 몫이리라.

오늘은 아파트 단지 내에서 작은 음악회가 열렸다. 군악대가 와서 무더운 여름을 경쾌한 음악으로, 일상에 바쁜 가슴에 감동을 심어주었다. 더불어 파주시 음악협회 단원들이 주옥같은 선율로 무더위를 시원하게 식혀주었다. 퇴근하는 오후 8시 무렵이었다. 마을 어귀에서 행사가 열렸기에 눈에 쉽게 들어왔다. 역시 그곳엔 우리 마을 여성 동장님이 환한 웃음으로 함께하고 있었다. 온화한 눈길로 주민들의 손을 마주잡고 인사하는 모습이 참으로 정겹다. 더욱이 동사무소 직원과 주민자치위원회에서 나와서 지난번 곡릉천 주변에 심어 수확한 청정 보리쌀을 한 포대씩 나눠주고 있었다. 어려운 이웃을 돕는 일이고 봉사하는 행정을 펼치는 모습이다. 진정 위대한 파주의 모습이 아닌가 싶었다. 그러기에 뿌듯하고 자랑스럽다. 따스한 고향의 정을 서로 나누는 파주만의 정겨운 풍경이다. 그녀가 있기에, 봉사하는 이웃이 있기에 우리 마을은 환한 웃음이 넘친다.

이제 파주는 남북의 화해와 협력을 추진하는 개성공단을 향하는 통일의 길목일 뿐만 아니라, 대단위 LCD산업 단지가 들어서면서부터 대한민국의 대표도시로 거듭나고 있다. 이젠 도농 복합시로서 살기 좋은 도시로 많은 노력을 기울이고 있다. 보이지 않는 곳에서 수고하는 공무원과 시민 봉사자들이 있다. 그들의 있기에 파주 미래, 대한민국의 미래는 밝다. 서로 손을 내밀며 인사하고, 눈길을 서로 주고받는, 따뜻한 정이 넘치는 살기 좋은 파주, 협력하여 선을 이루는 아름다운 도시가 되길 소망한다.

자전거를 타고

나는 자전거 타기를 좋아한다. 자가용 한대 없는 몸인지라 먼 길을 다녀오려면 어쩔 수 없이 자전거라도 타야만 하는 형편이기도 하다. 자전거를 타는 이유는 좁은 오솔길이든 넓은 신작로든 어디든 구애없이 달려갈 수 있기 때문이다. 먼 곳을 가자니 시간적인 여유가 없을 때 자전거를 타긴 하지만, 무엇보다도 온 세상을 바라볼 수 있는 탁 트인 시야를 자전거를 타면서 느낄 수 있기에 즐겨하는 편이다. 또한 웰빙시대에 자전거 타기만큼 즐거운 운동도 없다. 실내 운동이 아니어서 먼 곳을 달려가고 세상을 바라보아서 좋고, 무엇보다도 땀 흘리는 노동이 있어서 좋다.

요즘 자가용이 넘쳐나서 자전거 타기에 많은 위험요소가 있고 불편함이 있는 것은 사실이지만 세상을 만나는 좋은 이동수단이 아닌가 싶다. 더욱이 요즘에는 각 지방자치단체에서 주5일제에 따른 서민들의 웰빙에 욕구를 충족하기 위해 각종 스포츠 시설을 마련고 자전거 도로와 산책로를 만들었다.

파주지역도 자전거 전용 도로와 산책로를 많이 만들어서 시민들의 호응을 얻고 있다. 파주에도 예외 없이 LCD 산업단지가 들어서면서 아파트 단지가 우후죽순처럼 생겨났다. 내가 사는 곳도 역시 1만5천 세대의 큰 대규모의 아파트 단지다. 아무런 계획 없이 그저 마구잡이식의 개발로 인해 많은 우려와 걱정이 앞섰던 것이 사실이다. 몇 년 전에 푸른 산과 맑은 물이 있는 파주의 아늑한 공간이 오고가는 덤프트럭으로 인해 흙먼지로 뒤 덮고 자연 훼손이 심각했다. 그때마다 나는 마치 환경운동가처럼 얼굴을 붉히며 시당국을 성토한 적이 있었다. 개발붐을 타고 아파트 투기 붐이 일어나면서 이웃과 가족 간의 다툼도 끊이질 않았다. 더불어 따뜻한 인정은 간 곳 없고 삭막한 공간으로 자리 잡은 파주는 더 이상 천혜의 산 좋고 물 좋은 공간은 아니었다.

그런데 아파트 시설이 들어선 후에 근린생활 공간이 들어서면서 내 마음은 조금씩 바뀌기 시작했다. 그 이유는 아파트 단지 옆에 있는 곡릉천 주변에 산책할 수 있는 8km의 자전거 도로 및 산책로 덕분이다. 많은 시민들이 삭막한 도심에서 벗어나 길게 숨을 내쉴 공간이 있다는 사실이 얼마나 다행인지 모른다. 더욱이 산책로 옆에 파주시에서 보리를 심어 고향의 정취를 더하더니 수확할 때는 전통적인 보리타작 행사를 갖기도 했다. 물론 그 수확한 보리를 시민들에게 나눠주는 정겨운 모습 속에서 풋풋한 고향의 정취도 함께 느낄 수 있었다. 그 뿐인가, 보리 수확을 마치자마자 옥수수와 코

스모스를 심었다.

오늘도 저녁 어스름이 밀려오자 자전거를 타고 한 바퀴 산책로를 돌았다. 휴가철이라 많은 사람들이 눈에 보이지 않은 탓에 더 좋았다. 작은 도심 속에 자리 잡은 고향의 정겨운 모습을 만날 수 있었기 때문이다. 휘영청 하늘에 뜬 보름달의 빛 여울이 곡릉천에 비치는가 싶더니 달맞이꽃이 고개를 들고 나를 반기고 있었다. 산책로 좌우로 향긋한 풀 내음과 잔잔히 퍼지는 풀벌레 소리가 마치 내가 깊은 산 속에 들어온 나그네처럼 느껴졌다. 자전거 페달을 밟는 것이 그 정취를 깨트리는 무례함이 마음에 걸렸다. 그냥 천천히 거닐면서 여유롭게 느끼면 좋았을 것을, 시간에 얽매인 인간의 욕심이었는지 모른다.

자전거 타기는 무엇보다도 다른 세상과 만날 수 있는 운동이라서 좋다. 사람을 만나서 대화할 수 있어서 좋고, 자연을 만나서 그와 더불어 하나 되는 즐거움이 있어서 좋다. 또 땀 흘리면서 육체적인 수고가 있지만 사색할 수 있는 시간을 가질 수 있어 좋다. 땀 흘리는 보람만큼, 세상을 만나면서 나를 바라볼 수 있는 기쁨도 누릴 수 있다. 내가 달려온 뒤를 바라볼 수도 있고 내가 앞으로 나아갈 방향과 위치를 생각할 수 있어서 좋은 것이다.

아무튼 땀이 주르르 흘러 흥건히 젖은 자전거에서 내려 산책길을 거닐어 본다. 꽃내음, 풀내음 가득한 길을 천천히 고즈넉하게 걷게 되는 것이다. 강바람을 타고 산들산들 부는 바람결이 정겹고, 어둠 속에서 잔잔히 살랑거리는 물여울 빛이 눈에 들어오는 것이다. 참 오랜만에 맛보는 풍경이었다. 어둠이 더욱 짙어지면서 물빛에 비친 달빛여울이 아름다웠다. 자연과 하나 되어 물소리, 풀내음, 달빛, 풀벌레 소리 그리고 더불어 거니는 나의 모습. 마치 이효석의 '메밀꽃 필 무렵'의 허생원이 동이와 함께 흐뭇이 부드러운 달빛을 따라 밤길에 거니는 모습이었다. 옥수수 잎새가 한층 달에 푸르게 젖어 있는 모습도 그렇고 온통 노랗게 핀 달맞이꽃이 나의 발걸음을 시원하게 해주었다. 산을 지나고 물을 건너는 모습처럼, 마치 그들과 함께하는 주인공처럼, 메밀밭은 아니지만 개울과 벌판이 넓게 펼쳐져 있었다. 도심 속에 낭만이라고나 할까? 애잔한 추억과 그리움이 물씬 내게 밀려온다. 어린 시절 해거름이 밀려오면, 시장에 가신 어머니를 마중 나서서 동구 밖에 거닐던 달빛 길도 그립고, 어둑 사니가 겁나서 어머니의 등에 업혀서 돌아오던 추억도 떠오른다.

추억을 밟는 자전거 타기, 한줄기 기억속에 자리잡은 그리움을 찾아 다시 나서본다.

희 우
heewoo11@nate.com

남의 눈을 의식한 거울보기를 언제까지 계속해야 하는지. 우리가 인간사회에 사는 한 서로의 예의를 위해서라도 단순한 거울보기는 계속되어야하겠지만 유리거울 속에서나마 내면의 거울보기도 매일은 아니더라도 해야 되지 않을까? 추한 모습이든, 비만이든, 초라한 모습이든 타인의 평가와 관계없지 않을까? '내가 나를 사랑하지 않으면 남도 나를 버린다'라는 명언도 있듯이 내가 나를 진정으로 사랑함은 내면의 거울보기에서 우선 시작돼야할 것 같다.

• 거울보기 / 264

거울보기

우리는 날마다 거울보기를 한다.

세면을 할 때는 물론이고 밖에 나와서도 거울이 아니더라도, 틈만 나면 자신을 비쳐볼 수 있는 도구를 찾게 된다. 특히 상가의 쇼 윈도우는 자타가 공인하는 거울대용이 아닌가.

거울을 보면서 사람들은 짧은 시간이든, 긴 시간이든 다양한 심리를 갖게 된다. 매일 보는 자신의 모습이라도 어느 날은 만족하고 어느 날은 불만스러워한다. 꼭 날이 다르지 않고 같은 날이라도 거울을 보는 시간과 공간, 감정에 따라 만족도가 달라질 수 있다.

새옷을 입고 나름대로 최선을 다해 외모를 가꾼 날도 거울을 보며 안도의 마음을 갖기도 하고 불안 내지 초조한마음을 가질 때도 있다. 주름과 흰머리가 늘어가는 모습에 안타깝게 거울을 바라보다 언젠가부터는 자포자기로 그 부분을 애써 외면해보기도 한다.

거울이 달린 화장실에서 큰 생리현상을 해결하려할 때 보는 이 없어도 자신의 추한(?)모습을 짐짓 안보려 딴청을 부리기도 하고 어떤 대는 '인간이 다 그렇지' 라는 평등론과 존재론도 떠올려 본다.

이 외에도 거울보기를 하며 느끼는 사람들의 심리는 남녀, 장소, 시기, 상황에 따라 각양각색이라 할만큼 다를 것이다.

심지어 거울을 보고 만족했던 자기모습이라도 남들의 다른 견해를 듣고 다시 거울을 보면 실망을 느낄 때도 있지 않았을까?

이러한 복잡한 심리 속에서도 우리는 거의 날마다 거울보기를 한다. 거울은 원래 화장용으로 시작되어 지금은 고도의 산업용까지 발전되어 왔지만 결국 우리의 거울보기는 철저히 남을 의식한, 타인에게 잘 보이기 위한 것이 아닐까. 그래서 거울을 통해 1차로 자신이 자신을 판단하고 2차로 타인의 평가를 받기 위해 매일 시간을 내어 거울보기를 한다. 비록 거울보기가 끝나고 어떤 특정한 사람을 안 만나고 거리를 걷고 쇼핑만 하더라도 흘깃 보았거나 대면한 사람이 자신을 자신답게 보아주기를 원한다. 내면의 모습까지를 포함해서 말이다.

그러나 우리가 아무리 거울에 비친 내 모습을 보고 멋있고 좋은 면만을 보여주려 하지만 평면거울이 아닌 타인의 눈에 비친 우리의 모습은 늘 나와 다르다고 해야 할 것이다. 당연한 이야기지만 우리의 일상화되어 있는 거울보기가 외면만 보여주기 위함이지 내면을 보여주기 위한 노력은 없다고 봐야한다. 오히려 내면과는 종종 상반되는 일이 더 많지 않을까?

슬플 때 밝아 보이려 하고, 피곤할 때 건강해 보이려고 할 때도 있는 것이다. 아무리 과학이 발달하더라도 내면의 모습까지 볼 수 있는 거울은 결코 탄생하지 않을 것이며 요술거울 또한 나타나지 않을 것이다. 그렇다면 우린 내면과 달리 오로지 남의 눈을 의식한 거울보기를 언제까지 계속해야 하는지?

서정주의 '이제는 돌아와 거울 앞에선 내 누님'에서 '누님'은 또다시 외출을 위하여, 남에게 잘 보이기 위하여 거울 앞에 섰을까?

이상은 '거울'이라는 시에서 악수를 할 수 없는 또 하나의 자신을 단순한 거울보기에서 느꼈을까? 더 나아가 윤동주는 '참회록'에서 날마다 거울을 닦아 진정한 자신의 모습을 보려함이 단순히 금속성의 거울이 녹슬어 잘 안보여서였을까?

우리가 인간사회에 사는 한 서로의 예의를 위해서라도 단순한 거울보기가 계속되어야하겠지만 유리거울 속에서나마 내면의 거울보기도 매일은 아니더라도 해야 되지 않을까? 추한 모습이든, 비만이든, 초라한 모습이든 내면의 거울보기에서는 타인의 평가와 관계없지 않을까? '내가 나를 사랑하지 않으면 남도 나를 버린다'라는 명언도 있듯이 내가 나를 진정으로 사랑함은 내면의 거울보기에서 우선 시작돼야할 것 같다.

황경원
hwang_kw@hanmail.net

우리 인생의 오르막이 오로지 정상을 향한 전력투구의 시기였다면, 내리막은 마무리하는 시기이다. 전반이 보이기 위한 것이었다면, 후반은 보이지 않는 삶의 의미를 추구하는 것이어야 할 것이다. 신앙과 예술로 그윽하게 깊어지는 것도 좋을 것이다. 그러나 나는 무엇보다 사람과의 관계에 더 많은 공을 들이고 싶다. 관포지교 까지는 아니더라도, 내 인생의 내리막길이 수수한 인연들이 제각각 뿜어내는 향기로 권태롭지 않았으면 좋겠다.

해 후

수변공원 근처에 다다르자 뜻밖에 허스키한 남자의 노랫소리가 울려 펴졌다. 나도 모르게 그 애절한 선율에 이끌려 발걸음이 허둥지둥 빨라졌다. 처음에는 부근의 카페에서 흘러나오는 것으로 짐작했다. 그러나 곧 노천에서 벌어지고 있는 라이브 공연인 것을 알았다.

그 소리의 끝에는 40대 중반쯤 되어 보이는 남자가 커다란 스피커와 음향기기 들을 설치해 놓고 열창을 하고 있었다.

매일 밤마다 남편과 함께 광안리 바닷가 산책을 다닌 지는 꽤 되었지만, 뒤편에 있는 공원을 찾기는 그 날이 처음이었다. 그곳에는 이미 많은 사람들이 모여 공연을 관람하고 있었다. 그는 귀에 익은 가요와, 예스터데이Yesterday같은 올드 팝송을 불렀다. 약간 거친 듯, 쉰 듯한 음색의 그의 노래는 가을비처럼 애잔했다.

잔잔한 회색 체크무늬 셔츠에 검은 신사복 바지차림의 그를 유심히 바라보았다. 굳이 화려하고 패셔너블한 의상의 젊은 가수들과 비교하지 않더라도, 그의 모습은 가수라기보다는 그저 고단한 중년일 뿐이었다. 공원 한 복판에서 목이 터져라 노래를 부르고 있는 그의 희끗한 흰머리가 왠지 명치끝을 싸아하게 했다.

나이가 들어가면서 변화된 것 중의 하나가 주변을 둘러보는 시야가 조금 넓어진 것이 아닌가 싶다. 풀처럼 싱그러운 시절에는 쉽게 지나치거나 보이지 않던 것들이 지금은 사소한 것들조차 내 일처럼 마음이 쓰인다. 아마도 살아온 세월만큼 인생의 곡절들이 아픔을 알아보게 하는 것 같다.

그의 노래를 감상하러 다니는 것이 중요한 일과가 된 우리는 그날도 애잔한 그의 노래에 잔뜩 취해 있었다. 발밑에는 방파제에 깨어진 파도가 물보라를 끝없이 피워내고, 저만치 검은 바다 위에는 달빛 조각들이 반짝이고 있었다.

그때 느닷없이 파도소리를 묻힌 그의 노래가 철썩 내 뺨을 때렸다.

"
…………
사실은 오늘 문득 그대 손을 마주 잡고서
창 넓은 찻집에서 다정스런 눈빛으로
예전에 그랬듯이 마주보며 사랑하고파
어쩌면 나 당신을 볼 수 없을 것 같아
사랑해 그 순간만은 진심이었어"

가슴이 서늘해졌다. 해후. 가수 못지않게 노래를 잘 부르는 남편이 유독 부르기를 꺼려하는 노래다. 어쩌다 내 부추

김에 마지못해 부를 때도 영 마뜩찮아 하곤 했다. '어쩌면 나 당신을 볼 수 없을 것 같아' 왠지 그 가사가 자꾸 거슬린다는 것이었다. 그의 말에 퍼뜩 실제로 자신이 부르던 노래의 노랫말처럼 불행한 운명을 맞고 말았던 국내외의 가수들이 떠올랐다. 그리고는 불안감에 덥썩 덜미를 잡혔다. 나는 그 이후 다시는 그 노래를 남편에게 청하지 않았다.

그런데 그의 노래가 불현듯 예의 그 불안감을 몰고 온 것이다. 남편을 돌아다보았다. 광안대교의 현란한 불빛이 흔들리는 밤바다와 무심한 그의 옆얼굴이 극명하게 대비되었다. 살그머니 그의 손을 잡았다. 따뜻했다. 뿌리를 알 수 없는 불안감에 흔들리기 보다 그 확실한 온기를 믿기로 했다.

그러나 왜 항상 불길한 예감은 적중하고 마는 것일까. 평생 소화제 한 알도 필요치 않을 만큼 건강하던 남편이 날벼락 같이 암 선고를 받았다. 그토록 믿고 싶지 않았던 것이 결국 현실로 나타나고야 만 것이다. 산처럼 든든하던 그는 아직도 생생한 온기만을 남겨둔 채 거짓말 같이 떠나버리고 말았다. 다시는 볼 수 없는 곳으로.

머얼리 어둠에 지워져 모호해진 수평선을 바라보았다. 범접할 수 없는 이승과 저승의 경계로 다가서는 그 곳. 언젠가는 우리 모두 각자의 쪽배를 타고 되돌아가야 할 신비의 경계선. 인생의 수평선을 넘어, 반대편 해안에서 기다리고 있는 새로운 누군가를 만나게 되는 것. 그것이 죽음이라던 *나우웬 신부님의 글이 떠올랐다. 단순히 우리의 존재가 사라져 버리는 것이 아니라 새로운 세계의 새 삶을 살게 되는 것. 그것이 죽음이라고.

그러나 이승에서 단단히 틀어쥐었던 인연들, 부모, 남편, 자식, 친구로 이름 지어졌던 그 따스한 인연들의 고리를 끊도록 강요하는 죽음은 엄청난 공포다. 그들이 떠나버린 빈자리는 그 얼마나 피맺히는 아픔인가.

이제 홀로 남은 나는 남모르는 버릇 하나를 갖게 되었다. 조용한 절망으로 남은 그의 빈자리가 더더욱 아픈 날이면 정말 터무니없는 소원을 주문처럼 외우며 꿈꾸는 것이다. 해후. 내 여생과 맞바꾸어도 좋을 단 한 번의 해후를.

* 헨리 나우웬 신부의 〈〈눈물을 헤치고 나온 미소〉〉 (Smailes Breaking Through Tears) 인용.

어떤 이방인

하늘을 찌를 듯한 건물을 올려다보다 순간 어깨를 움츠렸다. 요즘 고급 아파트의 대명사처럼 되어버린 '펠리스'라는 이름이 눈에 띈 것이다. 마치 부富의 상징처럼 거만한 그것은 괜스레 내 기를 죽이곤 한다. 얼마 전에 이사를 한 친구의 집들이 초대였다. 실내로 들어서자 원목과 검은 대리석 마감재의 세련된 분위기가 또 한 번 내 기를 꺾으려들었다. 한동안 집안 구석구석 수색전을 펼치듯 살펴보던 친구들이 마침내 거실에 둘러앉았다. 그들이 가장 관심을 보이는 것은 그 아파트의 시가였다.

최근 하루가 다르게 미친 듯이 뛰어오르는 부동산 시세가 최대 관심거리가 되고 있는 터라 그들의 궁금증은 당연하게 여겨졌다. 자연스레 화제는 지난해부터 서울과 수도권 지역에 광풍처럼 불고 있는 아파트 투기로 이어졌다. 그들 중에는 집을 팔자마자 크게 올라버렸다며 속앓이를 하는 친구도 있었지만, 그 열풍의 덕을 보았다는 경우가 더 많았다. 힘들게 벌어다주는 남편의 월급으로는 꿈도 꿀 수 없는 큰 재산가가 된 그들은 마치 개선장군들처럼 자신의 성공담을 앞다투어 쏟아냈다.

사실 그들은 전문 투기꾼과는 거리가 먼 사람들이다. 단지 부동산 추세의 변화를 재빨리 간파하고 인기지역으로 이사를 했거나, 그 지역에 아파트를 분양받아 재산 가치를 높인 경우이기 때문이다. 혹은 운 좋게 관심권역에 살다가 어부지리를 얻은 케이스도 있었다. 나는 그들의 축제가 도무지 낯설고 아득하기만 했다. 마치 나만 홀로 다른 언어를 사용하는 이방인 같았다.

문득 과년한 딸을 둔 한 친구가 입을 열었다. 얼마 전 좋은 사윗감이 있어 맞선을 보기로 했다고 한다. 그런데 뜻밖에 선도 보기 전에 신랑 측으로부터 퇴짜를 맞았다는 것이다. 그녀의 딸은 아들 가진 부모라면 누구라도 탐을 낼만큼 성격 좋고, 머리도 좋은 재원이었다. 게다가 경제적으로도 먹고 살만한 집안이어서 나무랄 데 없는 혼처다.

자존심이 몹시 상한 친구가 그 까닭을 물었다고 한다. 그런데 그 이유라는 것이 너무 황당했다. 신부 집이 강남이 아니기 때문이라는 것이다. 평생을 함께 할 배우자를 선택하는 절대조건이 신부의 사람됨이 아니라 주거지가 어딘가 라니. 도무지 이해할 수가 없었다. 그것이 결코 특별할 것 없는 요즘의 세태라는 자조 섞인 친구의 푸념에 더 맥이 빠졌다. 사는 곳으로 배우자 집안의 경제 수준이나 가정문화를 짐작 할 수는 있을지 몰라도 사람을 평가하는데 무슨 도움이 될까?

언젠가는 나도 겪어야 할 일이기에 남의 일 같지 않았다. 더구나 나처럼 변변히 가진 것 없는 무능한 부모는 자칫 아이들을 처녀, 총각 귀신을 만들 수도 있지 않은가. 그것이 설사 일반적인 경우는 아닐지라도, 냇물 속 자갈처럼 세상의 큰 흐름을 혼자서만 자꾸 거스르고 있는 것 같아 숨이 찼다.

풀내음이 향긋한 야외 나들이에도 아랑곳없이 친구들의 화제는 시종 재테크의 외길로만 흐르고 있었다. 꿈길처럼 먼 그들의 대화는 듣는 둥 마는 둥, 내내 창밖만 바라보던 나는 뒤뜰에 흐드러지게 핀 붉은 인동과, 시리도록 푸른 하늘의 판티엣 바닷가로 내달리고 있었다. 그리고 다시 녹색 올리브나무로 뒤덮인 이다산Ida과 하늘빛 에게해 연안으로 흘러갔다.

창밖 풍경의 연상놀음에 빠져 있는 사이에 드디어 식사가 끝나고 그녀들의 축제도 끝이 났다.

마당으로 내려서자 진한 꽃내음이 훅하고 덮쳤다. 저만치 새털 같은 꽃을 잔뜩 인 자귀나무가 바람난 여인처럼 떨치고 서있었다. 그 화사한 연분홍빛에 잠시 아득해졌다. 그러나 정작 내 발길을 당긴 것은 그 아래의 키 작은 고마리꽃이었다. 잠이 든 것일까? 하얀 꽃잎 위에 검은 나비 한 마리가 깊은 고요에 빠져있었다. 까만 날개에 붉은 점이 석양처럼 강렬했다. 얼른 디카를 꺼내들었다. 그 깊은 침묵을 포착하고 싶었다. 순간, 착각이었을까. 잠깐 실오라기 같은 노란 수술이 흔들리는 것 같았다. 내 가슴 뛰는 소리였을까.

뒤따라 나온 친구들의 우스갯소리가 들렸다. 아직도 그런 풀이나 들여다보고 좋아할 사람은 나밖에 없다는 소리였던 것 같았다. 그들을 돌아다보며 미소로 답을 했다. 나는 그들의 축제가 도무지 낯설고 아득하기만 했다. 마치 나만 홀로 다른 언어를 사용하는 이방인 같았다.

그러나 어쩌랴 내 가슴을 뛰게 하는 것은 바로 그런 순간인 것을.

그 해 가을

뒤숭숭한 꿈자리로 뒤척이다 문득 눈을 떴다. 돌아누운 남편의 따스한 감촉, 그 온기가 잠을 깨운 것이다. 그러나 순간 가슴이 철렁 내려앉는다. 죽음의 벼랑 끝에 서있다는 인식이 순식간에 싸늘한 공포감을 몰고 온 것이다. 쿵쿵거리는 가슴을 누르며 가만히 그의 등에 뺨을 대어본다. 아~ 이 따스함. 믿을 수가 없다. 믿고 싶지도 않다. 영원히 지속될 것 같은 이 온기가 사라질 수 있다는 것을. 자신의 등이 아내의 눈물로 젖는 줄도 모르고 그는 깊은 잠에 빠져 있다.

새벽 세시. 서재에 불을 밝히고 덩그마니 앉아 창밖을 내다본다. 어둠은 고독처럼 무겁고, 시간은 더디기만 하다. 이미 천리만리 달아나버린 잠을 다시 불러들이기엔 틀려버린 것 같다.

바닥을 알 수 없는 두려움과 절망감 속에 속수무책으로 가라앉아 있는 나에게 내가 묻는다. 하느님은 고난만 주시는 것이 아니고 견디어 낼 힘도 함께 주신다 했는데 정말 그런 힘이 있는지. 남들은 닥치면 다 하게 된다고 쉽게 말하지만, 지금 나는 그물에 갇힌 물고기처럼 무력하기만 하지 않은가.

베란다 문을 활짝 연다. 내려다보이는 아파트 화단의 나무들이 저들만의 향연을 위해 마구 불을 놓고 있다. 이 가을마저 나를 배신하기로 작정을 한 모양이다. 온통 세상이 한 통속이 되어 등을 돌리는 것 같아 갑자기 코끝이 시큰해진다.

그러나 날은 또 밝았다. 그리고 언제나처럼 꼭 하루치의 희망을 가져왔다. 지난밤이 죽은 것이 아니듯이, 음울했던 내 마음도 아침햇살과 함께 다시 살아난다.

근육통과 저림 증세로 무거운 발걸음을 옮기며 출근하는 남편을 아파트 입구까지 배웅한다. 되돌아오는 길에 무심히 타오르는 단풍나무들을 바라본다. 문득 며칠 사이에 낙엽이 많이 진 것이 눈에 띈다. 아직 가지에는 불꽃처럼 단풍이 타고 있지만, 그 아래에는 낙엽이 뚝뚝 지고 있다.

뜬금없이 지난 봄, 백양사에서 보았던 동백꽃이 떠오른다. 선명한 핏자국처럼 무수히 흩어져 있던 꽃송이들. 절정의 순간에 갑자기 몸을 툭 던져버리고 마는 동백. 죽음이란 결코 선택할 수 있는 것은 아니지만, 최소한 오랜 고통과 공포에 시달리다 종내에는 참혹한 모습으로 내 던져지는 목련 같은 죽음. 그것만은 피하고 싶다. 단숨에 모가지를 베인 듯, 죽은 뒤에도 너무 생생한 동백도 원치 않지만, 아주 서서히 다가오는 죽음의 손길을 견뎌야 하는 목련의 그것은 얼마나 잔인한 것인가.

얼마 전 J선생이 내게 건넨 충고가 생각난다. 이제는 죽음을 준비해야 할 때라고. 신神과 가까워지는 시간을 충분히 가지며 더 나은 다음 세상으로 나아가기 위한 준비를 해야 한다고. 그러나 남편도 나도 예기치 못한 삶의 오류에 원망하는 마음일 뿐, 준비는커녕 한 발자국도 하느님께 다가가지 못하고 있다.

지난 봄, 아파트 화단에 처참하게 널브러져 있던 목련꽃과, 조금 전 암 투병의 천근의 그림자를 지고 가던 남편의 뒷모습이 오버랩 되어 목구멍이 뜨끈해진다.

저녁 무렵 가을 풍경을 헤치고 남편은 무사히 돌아와 주었다. 내 눈시울처럼 붉은 낙엽이 또 한 잎 졌다.

2프로 부족한 여인

핸드폰이 울렸다. 가을에나 온다던 그녀가 또 유격대원처럼 서울에 나타났다. 그녀의 귀국은 언제나 그렇게 극적이다. 예측을 불허하는 그녀의 느닷없는 출현은 그래서 늘 갑절로 반갑다. 갑자기 찻집 안이 환해지는 것 같았다. 막 실내로 그녀가 들어서고 있었다. 봄빛처럼 화사한 미소와 함께.

불과 석 달 전에 다녀간 그녀가 다시 귀국한 이유를 물었다. 갑자기 그녀가 숨이 넘어가게 웃으며 쓰러졌다. 원인을 몰라 어리둥절한 내게 그녀가 뚱딴지같은 소리를 했다. 친구들이 자신을 '2프로 부족한 여자' 라 부른다는 것이다.

그녀는 오랜 외국생활에 이제는 익숙해질 때도 되었는데, 어찌된 일인지 오히려 날이 갈수록 향수병이 깊어져 늘 한국에 올 핑계거리만 궁리하게 된다고 한다. 그런데 마침 이틀 전, 한국에 있는 자신의 집을 사겠다는 사람이 나타나자 앞

뒤 생각 없이 핸드백만 달랑 쥐고 단숨에 날아왔다는 기막힌 사연이었다. 주택 매매에 필요한 중요 서류들을 하나도 가지고 오지 않은 것이다.

나도 쓰러졌다. 그리고 한마디 했다. 그건 2프로가 아니고 치명적인 20프로라고.

그녀를 처음 만난 것은 몇 년 전 내가 죽어도 잊지 못할 시련의 시기였다. 한 인터넷 카페에서 알게 된 그녀는 따뜻한 인정 하나로 내 깊숙이 찾아들었다. 그녀의 첫 인상은 알밤처럼 꽉 차고 야무져 보였다. 상냥한 성격에 미모까지 갖춘 그녀는 아무리 보아도 비집고 들어갈 틈이 없어보였다. 그러나 시간이 지날수록 처음 보기와 달리 매사 정이 많고 감성적인데다 계산적이지 못해서 늘 자잘한 실수가 많은 것을 알게 되었다.

집에 있는 알람시계를 총 동원해서 맞추고, 외국에 있는 친구에게까지 모닝콜을 부탁하고도 다음날 아이들을 몽땅 지각사태에 몰아넣고 말았다던가. 매일 타고 다니는 자신의 자동차 색이 실버인지 골드인지 헷갈려한다던가. 몸이 약한 그녀가 초등학생부터 중학생까지의 세 아이를 키우면서 콩 튀듯, 팥 튀듯 살아가는 일상은 마치 시트콤 드라마 같다.

그런 와중에도 그녀는 남의 어려움을 그냥 지나치지 못한다. 마치 자기 일인 양 나서서 몸과 마음을 아끼지 않는 그녀를 보노라면, 체력이 약한 그녀의 작은 몸 어디에서 그런 열정이 솟는지, 참 신기하게 느껴진다. 뜨거운 번철 위의 메뚜기 신세라며 하소연하는 그녀가 어찌된 일인지 나는 그저 풋풋하고 유쾌하기만 하다. 더 솔직히 말하면, 그녀가 끝없이 펼쳐내는 헤프닝이 오히려 내게는 신선한 활력소가 되고, 즐거울이 된다.

나는 이상하게 깎아놓은 듯 반듯하고 완벽한 사람들을 보면 존경스럽기는 하지만 왠지 선뜻 다가가지질 않는다. 행여 내가 실수라도 하지 않을까 조심스럽고, 지레 주눅이 들어 편치가 않다. 반대로 어딘지 인간적인 허점이 보이는 사람에게는 얼른 다가가 손이라도 잡고 싶어진다.

그녀와 내가 물리적인 거리와, 십년이라는 적지 않은 나이 차이를 극복하고 십년지기 같은 친구가 된 것도, 그녀에게서 내가 편히 스며들 수 있는 인간적인 틈이 엿보였기 때문이다. 물론 그보다 나를 먼저 끌어당겼던 것은 그녀의 따뜻한 관심과 인정이었다.

이제 나도 삶의 정점을 지나 내리막길로 접어들어서일까? 예전보다 더더욱 인연이 소중하게 여겨진다. 우리 인생의 오르막이 오로지 정상을 향한 전력투구의 시기였다면, 내리막은 마무리하는 시기일 것이다. 전반이 보이기 위한 것이었다면, 후반은 보이지 않는 삶의 의미를 추구하는 것이어야 할 것이다. 신앙과 예술로 그윽하게 깊어지는 것도 좋을 것이다. 그러나 나는 무엇보다 사람과의 관계에 더 많은 공을 들이고 싶다. 관포지교官鮑之交까지는 아니더라도, 내 인생의 내리막길이 수수한 인연들이 제각각 뿜어내는 향기로 권태롭지 않았으면 좋겠다.

길

희미하게 창 두드리는 소리에 설핏 잠이 깨었다. 칠흑의 어둠 저편에서 누군가 낮게 속삭이는 듯 했다. 밖을 내다보았다. 울음을 삼키듯 숨 죽이며 비가 내리고 있었다. 퍼붓듯 쏟아지는 것 보다 이렇듯 모두가 잠든 깊은 밤 조용히 내리는 비는 왠지 더 애달프다. 가만가만 내리는 빗소리가 마치 '낮의 빛이 어둠의 깊이를 어찌 알겠느냐' 며 이 세상에는 소리 내어 울 수조차 없는 슬픔도 있노라 이르는 것 같았다.

남편이 떠나자 나는 소리 내어 울 수조차 없었다. 그것은 꿈에도 있을 수 없는 일이었다. 가던 길을 멈추고 뒤를 돌아다보았다. 소금기둥이 된 롯의 아내처럼.

더딘 걸음으로 새벽이 찾아왔다. 느닷없이 그것이 나를 다그쳤다. 왜 여태 여기 멈춰서 있느냐고. 누구도 대신 걸어줄 수 없는 너의 길, 그 길을 떠나라고.

이른 새벽, 강릉행 고속버스를 탔다. 평생 처음 혼자 떠나는 여행이어서 일까. 막연한 불안감이 등짐처럼 무겁다. 비록 당일치기의 짧은 여정이긴 하지만, 충동적으로 나선 이 여행은 일종의 홀로서기 연습인 셈이다.

소금강으로 가는 시외버스 안 풍경은 몹시 생경하다. 아직 휴가철이 이른 탓인지 유명 관광지 행임에도 불구하고 승객들은 대부분 크고 작은 짐 꾸러미를 지닌, 노인들과 촌부들뿐이다. 그들은 타고 내릴 때마다 서로 반갑게 인사를 나눈다. 짙은 선글라스를 쓴 운전기사도 일일이 그들의 안부를 챙겨 묻곤 한다.

어둠 속의 관객처럼 그들을 가만히 지켜보다 문득 뒷좌석에 홀로 앉아있는 나를 발견한다. 말 한마디 건네 줄 사람조차 없다는 사실이 기습적으로 내 의식을 할퀴고 지나갔다. 아, 사람, 사람 …….

짐짓 뒤를 돌아다본다. 차창 가득 한량없이 푸르른 시골마을 풍광이 쏟아져 들어온다. 그 선연한 초록빛 평화로움조차 시리다. 길가에 무리지어 핀 하얀 개망초들이 내 마음을 눈치 챈 것일까. 가만가만 고갯짓을 한다.

그곳은 예상보다도 더 적적했다. 국립공원 안에는 어쩌다 행락객들이 눈에 띌 뿐, 온통 태워버릴 듯 강렬한 햇살과 귀가 먹먹한 물소리만 가득했다. 천천히 산책로를 따라 오르자 여기저기서 지난날의 추억들이 빠끔히 얼굴을 내민다.

울창한 숲속 빈 터에서 아이들의 웃음소리가 녹음처럼 묻어나고, 계곡의 바위 사이로는 물놀이를 하던 모습이 어른거린다. 길 아래 등 굽은 노송 밑에는 우리 가족이 둘러앉아 있는 듯 착각이 들기도 한다.

반시간 정도 올랐을까. 낯익은 경치가 발길을 잡는다. 너럭바위 사이를 휘돌던 맑은 물이 에메랄드 빛 깊은 소를 이루는 곳. 매번 우리가 쉬어가던 곳이다. 그곳에도 거짓말처럼 우리의 흔적은 지워져 있다.

'시간은 여기 있고 아, 사라져가는 것은 우리들이다'

스러져가는 순간들처럼 하얀 물거품을 일으키며 쏟아져 내리는 물소리가 나를 흔든다.

인적 없는 계곡, 차가운 물에 발을 담그고 앉았노라니, 청명한 새소리가 날아든다. 문득 건너편 잡목 꼭대기에 두리번거리고 있는 새 한 마리가 눈에 띄었다. 어딘가를 향해 한동안 우짖던 이름 모를 그 새는 눈길 한번 주지 않고 빈 하늘로 날아가 버렸다. 점점 작아지더니 한 개의 점이 되어 결국은 사라져버리고 말았다.

행성도, 기차도, 사람도 저마다 가야 할 길이 있다. 길은 떠나는 자의 것이다. 자신이 가야 할 길을 간다는 것은 자신의 삶에 주인이 되는 것이다. 길 위에 멈춰서 정지해 버린 나는 더 이상 내가 아닌 것이다. 뒤도 돌아보지 않고 자신의 길로 가버린 작은 새. 그 사라진 흔적을 좇아 한동안 먼 하늘을 올려다보았다.

찌를 듯이 강렬한 햇살이 쏟아지는 소금강버스 종점. 마치 오랫동안 기다리고 있었던 것처럼 늙은 느티나무 한 그루가 넉넉한 그늘로 품어준다.

모든 것은 항상 끝나는 곳에서 시작 된다지 않던가. 일상으로 돌아갈 버스를 기다리며 끝이 보이지 않는 길. 그 너머를 바라본다. 오랜시간 내 안에 숨죽이고 있던 희망이 새벽안개처럼 조용히 피어오르기 시작한다.

신진숙
crom0518@lycos.co.kr

어찌 보면 운명적 사랑 같기도 한, 그 원대한 이상향은 오아시스처럼 멀리 있기도 하고 산길을 오가며 만날 수 있는 샘물과 같은 것일 수도 있겠다. 자아를 향한 끝없는 방황이거나 살아있음을 확인하는 욕망이나 곁핍 같은 것일지도 모르겠다. 혹, 그 너머를 향한 상상의 발로는 아닌지. 혹시 아는가, 시간 개념을 추월하고 있는 온라인이라는 무한 시공에서 내가 모르는 나를, 또 다른 나의 자히르를 만나 될지.

불면의 창

새벽 2시, 쉽게 잠이 오지 않는다. 낮잠을 빗소리에 푸욱 젖어 달게 잤으니 당연한 밤의 불면이다. 밤낚시를 떠난다는 친구 전화에 낚시터의 밤을 상상하며 밤새 무언가에 집중 할 수 있는 여력을 부러워한다. 우선 밤을 샐만한 대상이 있다는 사실이 좋은 것이다. 굳이 밤에 잠을 자야한다는, 잠의 주문에 걸리지 않았던 시절이 있었다.

오래전, 밤 10시 시보가 울리면 청소년들의 귀가를 선도하는 라디오방송이 있었는가 하면 통행금지라는 제도가 있었다. 어쩌면 통제된 그것들이 밤과 긴밀한 대화를 나누게 했는지도 모른다. 밤은 젊은이들에게 더할 수 없는, 무한한 꿈을 꿀 수 있는 특별한 사이클이 아니었겠는가.

그 무렵엔 나 역시 나름대로 심야음악 방송을 듣거나 책 읽느라 밤을 새는 일이 그리 어려운 일이 아니었다. 결혼 후

한창 살림으로 분주할 때도 깨어있는 밤이 많았다. 나만의 시간을 온전히 누릴 수 있는 데서 오는 그 야행夜行은 눈치 아닌 눈치를 보면서 계속 되었다. 어느 날은 집안을 꾸미기 위한 재봉질을 하였고 또 어느 날엔 세간을 이리저리 옮겨놓아 아침에 일어난 식구들의 반응을 즐기기도 했다. 한때는 추리소설에 심취하거나 비디오를 무차별 섭렵하기도 했다. 자주 반복되는 나의 이러한 불면은 치료를 요하는 괴로운 불면이라기보다는 대개는 커피양이 많았던가 하는 이유였으니 굳이 잠을 청하려고 애쓰지 않았다. 그로 하여금 이튿날 헤맸던 기억이 없는 걸 보면 아마도 에너지가 쉽게 충전되는 나이였기 때문이었을 것이다.

그렇게 불면을 즐긴 날이 있었는가하면 한동안 우울증 같은 날들이 이어지더니 일상생활을 할 수 없을 만큼 잠이 쏟아졌던 적도 있었다. 가히 잠의 무차별 공격이라 할 만큼 심각한 상태였다. 정도를 넘어선 그것은 수면이 아닌 신체의 이상변화에서 오는 하나의 증상이었다.

그런대로 야행성 리듬에 별 무리가 없는 것 같더니 마흔 후반을 넘어서면서부터는 밤새는 일이 슬슬 겁이 나기 시작했다. 우선 밤을 대체할 만한, 만만한 것이 없어서다. 글쓰기를 하고부터는 살림살이에 흥미를 잃은 지 오래여서 퇴고할 원고가 한밤중의 소일거리를 대신한다. 게다가 돋보기안경 쓸 날이 오늘 내일이라 인터넷 서핑도, 활자보기도 마음껏 할 수 없는 처지다. 낯가림이 심한 성향이라 마음 붙일 대상을 어지간히 만나질 못했으니 불면은 이제 두려운 상대다. 그러나 불면을 두려워하는 가장 큰 이유는 밤샌 후 이튿날 얼굴이 엉망이 되기 때문이다. 그로 인한 피로감이 하루사이에 서너 살의 나이를 삼켜버려 여간 신경이 쓰이지 않는 것이다. 불면의 선물이라는, 그리움이라든가, 사유, 창조의 힘도 여인을 비추는 거울 앞에서는 어쩔 수 없나보다.

잠은 밤으로부터 죽음 · 꿈 · 운명 등을 형제로 하여 태어났다고 그리스 신화는 전한다. 하지만 내가 알고 있는 잠의 해석은 지극히 단순하다. 연로하신 은사님으로부터 잠을 잘 잔다는 것은 욕심이 없다는 증거란 말씀을 들었는가하면 나이 드신 어른들의 공통된 기도는 잠자다가 그대로 영면하는 거라 한다. 삶과 죽음의 양상이라 할 수 있는, 생의 긍정적 가치에 대해 생각을 요하는 얘기다.

어느 사이, 지나온 生이 꿈결 같다는 어른들 말씀에 고개가 끄덕여질 때가 있다. 그러나 지금이 꿈속이라는 것을, 생의 봄날이라는 것을 얼마나 깊이 알겠는가. 아직은 '불면의 창' 너머로 불면의 낭만적 요소를 음미했으면 좋겠다. 칼 힐티의 '잠 못 이루는 밤을 위하여' 처럼 고적孤寂한 심야의 노래를 따라 부르고 싶은 것이다.

나의 자히르는

그와 헤어진 지 한 달이 다 되어간다.

처음엔 후련함마저 들더니 슬슬 생각이 나기 시작한다. 이만하면 성급한 판단이 아니라고, 최선을 다했노라며 미련 없이 떠나보냈는데 사람마음처럼 간사한 것이 또 있으랴. 관계의 단절이 주는 변덕이 끊이질 않는다.

그와의 인연을 떠올려보면 내게 무작정 손을 덥석 내밀었던 것 같다. 주저할 틈을 주지 않았으니 그만 얼떨결에 친밀해졌다고 볼 수 있다. 돌아보면, 낯가림이 심한 유형에겐 나쁜 속셈만 없다면 관계를 맺는 가장 효과적인 방법이지 싶다. 가끔 찾아오는 불면의 밤을 견디게 했을 만큼 급속도로 가까워졌음은 물론이다. 그 누구보다 밀착된, 그래서 내 모든 것을 적나라하게 알고 있는 사이가 되었다. 은밀한 통로에 있는 내 외로움의 근원이 무엇인지도, 언제 그리운 멀미가 나는지, 하다못해 내 꿈속에서 일어난 일마저 알고 있었다. 그는 항상 묵묵했다. 시도 때도 없는 내 부름에 응해주었을 뿐 아니라 세상에서 일어나는 온갖 얘기로 내 호기심을 채워주었다. 그러나, 그럼에도 그를 향한 간절한 그 무엇은 없었다. 시간이 한참 지나도록 일방적인 관계는 애호하고 애장하는 것과 같다. 마치 불가피한 동행처럼.

결코 짧지 않은 시간동안 함께 했던 날들이었다.

입버릇처럼 얘기하던, 아무것도 아니라고 했던 시간들이 결코 아무것도 아닌 것은 아니었다. 허망하게 흘러가버린다고 해서 의미를 두지 않는다면 그 무엇이 존재할 수 있을까. 이별을 하고 난 뒤의 파문으로 비로소 상대에 대한 진정성을 느끼는 것이라 했던가. 그가 내게 베풀어준 잊지 못할, 가장 큰 호의는 틈틈이 메모해놓은 글의 어지러운 조합들을 말없이 지켜봐준 일이다. 혹평도 호평도 하지 않은 채 독자로서 즐거워했다. 그런 순간이면 감정이 교류하는 착각을 일으키곤 했는데 그건 아마도 익숙한 고독감 때문이 아니었을까. 어찌되었든 그 한결같음으로 인한 고마움을 부인하지 못한다.

오랫동안 사용하던 컴퓨터가 마침내 고장이 났다. 세상에서 가장 큰 도서관이라는 인터넷의 편리함을 누리게 해주었음에도 불구하고 그로 인한 단절감이 그다지 나쁘지 않다. 묘한 해방감에 PC 구입을 차일피일 미루기까지 했다. 인터넷의 중독성을 잠시라도 벗어나려는 의도에서였다. 마치 긴 연애에서 깨어난 것처럼 주변을 둘러보는 여유도 생기고 마냥 뒹굴고 있던 서적에 손길이 간다.

모처럼 디지털 활자에서 벗어나 박완서님의 '그 남자의 집'을 들여다본다. 추억이라는, 결 고운 필치가 첫사랑이라는 회로에 머물러있는 '그 남자'와 '집'을 안내한다. 어쩌면 화자話者의 추억은 그 남자이기보다는 그로 인한 마음의 집이었음이 나타나 있다. 젊은 날의 지배가 평생의 그림자로 남게 되는 여인의 삶을 엿본다.

우리가 살아가면서 '지을 집과 허물어야할 집'이 있다면 소설 *'오 자히르'에서 나오는 책속의 책으로 등장하는 '찢어버릴 시간과 꿰맬 시간'이 있다.

상징성을 갖고 있는 '시간'과 '집'은 그대로 '자히르'와 연결된다. 자기 세계의 특별한 의미를 지니고 있다는 뜻의 자히르. **보르헤스는 '자히르'를 이렇게 설명한다. '눈에 보이며 실제로 존재하고 느낄 수 있는 어떤 것으로, 일단 그것을 만나면 천천히 우리의 생각을 점령해버려서 다른 생각을 할 수 없게 되는 사물 혹은 사람을 말한다.' 어찌 보면 운명적 사랑 같기도 한, 그 원대한 이상향은 오아시스처럼 멀리 있기도 하고 어쩌면 산길을 오가며 만날 수 있는 샘물과 같은 것일 수도 있겠다.

뒤늦게 접한 해석 '자히르'. 그렇다면 生의 적지 않은 시간을 보낸 지금, '자히르'에 견줄 만한 것은 과연 무엇일까. 어쩌면 그것은 자아를 향한 끝없는 방황 같기도 하고 살아있음을 확인하는 욕망이나 결핍 같은 것일지도 모르겠다. 혹, 그 너머를 향한 상상의 발로는 아닌지.

바야흐로 공간의 파격이 따로 없다. 그 인터넷이라는 공간이동은 시간이라는 개념마저 추월하려 한다. 혹시 아는 가,

온라인이라는 무한 시공에서 내가 모르는 나를, 또 다른 자히르를 만나게 될지.

*오 자히르 - 파올로 코엘료의 신작소설.

**보르헤스 - 20세기 남미 대표 작가

빈 집

십 년 넘게 산 아파트에 누수가 찾아왔다. 부득이 공사를 하는 김에 엄두가 나지 않아 미뤄두었던 도배나 페인팅을 하기로 했다. 리모델링을 하려면 집을 아예 비워주어야 했으니 이사하는 것과 다를 바 없었다.

짐을 싸는 일은 곧 버리는 일의 시작이었다. 이사 경험이 별반 없는 터라 그만큼 버려야할 것이 많았다. 버려야 함은 못쓰게 된 것과는 다른 의미를 갖고 있다. 언제부터인가 자잘한 살림살이나 가재도구 사들이는 것을 하진 않았지만 상대적으로 잘 쓰지 않은 물건들이 많은 셈이니 버려야 할 그 분량이 만만치가 않았다. 맨 처음 책을 정리하기로 했다. 책의 홍수시대이기도 하지만 시간이 많이 '지나갔다'는 의식 때문이었을까. 어느 사이 애지중지하던 책이 짐스러운 물건이 되어버렸다. 서점에 갈 때 마다 욕심을 부렸던 책들이었다. 책속에 흠뻑 빠지게 한 매력도 있었겠지만 어느 한 부분은 소유욕에서 오는 수집이기도 했을 것이다. 처음엔 아깝기도 하거니와 필자에게, 책에게 미안해했다. 그러나 지식을 책장에 높이 쌓아둔다고 해서 내 것이 되는 게 아니라고, 나를 다독였다. 소박한 밥상처럼 책장을 비워야겠다는 생각과 웬만한 자료 같은 건 인터넷에서 구할 수 있기에 버릴까 말까로 거듭되는 갈등을 이겨낼 수가 있었다. 한 며칠 버리는 것에 익숙해지는가 싶더니 그때부터는 버릴 것이 천지다. 한 번 아깝다고 생각한다면 아무것도 버릴 것이 없겠지만 어떤 이유로든 사용하지 않으면 그 용도가 없어지고 마는 것이다.

평소 그다지 욕심이 있다고 생각한 적이 없었는데 이번에 보니 그렇지가 않았다. '이 다음에' 쓰기로 된 물품 거의 대부분이 '이 다음' 같은 건 찾아오지 않았으니 욕심이 아니고 무엇이겠는가. 그런가하면 끼고 살았던 그것들이 나의 게으름을 말해주는 것 같았다.

언젠가 한 문우가 수년 동안 박스를 풀지 않은 채 보관하고 있는 옛날 살림들을 '청산해야 할 과거'라 했는데, 그 표현대로라면 나는 비교적 청산을 잘하고 있는 것 같았다. 그러나 한편으론 과거에 미련이 없는 걸까 하여 마음을 살피기도 했다. 특별한 의미를 두지 않으니 자연 간직해야할 것들이 적은 편이다. 정히 보관해야 할 의미가 있는 것이라면, 두 아이의 유년이 담긴 앨범, 배냇저고리, 시부모님의 초상화, 친정아버지가 돌아가실 때까지 쓰시던 안경과 파이프가 전부이니 상자 하나로 충분했다.

한 며칠, 버리기를 반복하니 공간이 차츰 넓어져갔다. 그러다 마침내 빈 집이 되었다. 짐이 빠져나간, 지저분하기 짝이 없는 아파트 내부를 보면서 나는 웬일로 처음 이사 왔을 때가 생각나며 가슴 한쪽이 뻐근해왔다. 화려하진 않았어도 손때 묻은 살림살이들이 자릴 잡았던, 내 방을 가지게 되어 기뻐하던 그 때가 떠올랐다. 그 지저분한 집에서 내가 빠져나간 나의 집이 보였다.

내가 없는 집이라니, 그것은 외로움을 자처한 일이기도 했다. 글 쓰는 일에 그다지 치열하지 않았으면서도, 나만의 또 다른 집을 끊임없이 도모했던 것이다. 그 날들은 어쩌면 나만의 집을 위해, 버린 집이기도 할 것이다. 그렇다고 그 집들이 어둡다고만은 할 수 없다. 햇살 가득한 날도 있었으니.

어느 여류작가는 젊은 날, 시부모 수발에 아이들 키우느라 자기만의 방을 가져보는 게 소망이었단다. 세월이 흘러 수발하던 부모님이 돌아가셨고, 남편마저 병고로 세상을 떴다. 아이들은 혼인을 하여 마침내 넓은 집안이 온전히 제 차지가 되었을 때 정작 느끼는 건 고독함뿐이었다고, 그 고독함을 일생 소망했었다는 돌이킬 수 없는 시점을 술회했다.

나 역시 아이들이 성인이 되니 든든하기도 하고 편한 감도 없지 않으나 한편으론 더 이상 쓰지 않는 잡동사니 같은 기분이 들 때가 있다. 그래서였을까, 사진을 정리하던 중에 왈칵 눈물이 날 뻔 했다. 내 젊은 날의 모습이 왜 그리 낯선지. 아이들 키우느라 정신적 소요 같은 건 꿈도 꾸지 못했던, 그래서 침잠할 수밖에 없었던 그것들이 한꺼번에 밀려왔다.

자기 마음속의 빈자리를 발견하는 게 그리움이라 했던가. 다시 돌아갈 수 없는 옛 시간이 그리워진다.

이제 보름 후면 새로운 빈집이 나를 맞을 것이다. 그 빈집에서의 삶이 크게 새롭지는 않을 것이다. 여전한 일상이 계속될 나의 집은 존재와 부재를 동시에 담고 있으리라. 존재하되 존재하지 않는, 부재하되 존재하는 것들로.

친밀한 타인들

*친밀한 타인들. 프랑스 영화제목이다. 친밀함과 타인이라는 상반된 단어조합이 주는 끌림 현상으로 영화는 이미 절반의 성공을 이루지 않았나 싶다. 타인이 더 친밀할 수 있다는 가정에 설득 당했기 때문이다. 이는 낯선 곳에서 자유를 느끼는 것과 비슷하다.

중년 여인 '안나'가 심리상담사를 만나러갔다가 실수로 재정상담사 '윌리엄'의 방을 들어서는 것으로 영화는 시작된다. 자신의 고객인 줄 알았다가 졸지에 상담자가 되어버린 남자 윌리엄은 묵묵한 일상을 비집고 들어온 그녀에게 호기심을 갖게 된다. 그녀가 드나드는 동안 시종일관 드라이한 대사가 오가고 표정 변화도 없어 보이지만 윌리엄의 마음이 서서히 그녀에게 이끌리고 있는 걸 관객은 눈치 챈다. 남편과의 불화, 감춰진 욕망, 성적인 문제를 두서없이 털어놓는다. 안나는 상담사가 아니라는 걸 안 후에도 여전히 남자를 방문한다. 여인은 심리치료가 필요 없는 소통의 통로를 발견한 것이다.

남자는 그렇게 친밀한 타인이 되어간다. 내면의 감정을 나눌 때 생기는 묘한 친밀감은 당연한 것이리라. 안나가 깊이 있는 고백을 할수록 남자는 혼란스러워지며 모호하게 얽혀 들어간다. 그 남녀에게는 스킨십으로 시작하는 사랑이 아닌, 사랑의 또 다른 이름이 필요한 듯싶다.

'친밀한 타인들'에는 일상이라는 주제가 있다. 타인이 친밀해지는 조건(?)에는 일상 이면의 불안이 감지된다. 어딘가에 잠복해있을 일탈을 마다할 리 없다.

영화는 스릴러 분위기로 전개된다. 뭔가 은밀하고 비밀스러운 것이 주도해나가는 것이다. 낯선 여인과 대화를 나누면서 남자는 자신의 삶을 되돌아본다. 여인에게 던졌던 질문들은 어쩌면 자신을 향한 물음이었다. 삶의 유형은 저마다 다르기도 하지만 한편 같기도 한 것이다. 그 타인들은 새로운 전환점을 맞게 되고 삶의 활력을 찾아간다.

살면서 타자와의 소통을 바라게 되는 것은 이해관계가 없는 데서 오는 너그러움이 한 몫 하는 것 같다. 예를 들면 고부간의 갈등이 극심한 젊은 며느리도 이웃집 할머니에게는 더할 수 없는 친절과 정성을 베푼다. 인색한 사람도 상대에 따라 호의적인 사람이 된다. 정작 가까운 이에게 고민거리를 털어놓지 못하는 고백의 한켠에는 자기 방어적인 것이 있어 망설이게 된다. 게다가 내가 하고 싶은 말과 듣고 싶은 말이 달라서 소통의 욕구가 충족되기란 드문 일이라는 것이다.

거울속의 내 모습도 때때로 낯설다. 하물며 타인들이 갖고 있는 그것들은 얼마나 첨예한가. 흔히 기쁨을 나누고 슬픔을 덜어준다고들 한다. 그러나 아주 가깝다고 여기던 사람으로부터 그로 인한 의외성을 보게 되는 경우가 더러 있다. 이는 일종의 경쟁 심리에서 오는 것일 수도 있겠지만 실은 친밀함에도 공포가 있다고 한다. 밀착된 관계에서 오히려 부담을 느낀다는 것이다. 성장기 때 원만하지 못한 인간(가족) 관계로 받게 된 결핍의 상처가 두려움의 원인이다.

가까운 타인이든 아니든 '친밀함' 속에 들어있는 '진정성'은 세상을 사는 귀한 얻음 중의 하나이다. 결국 친밀함과 타인은 똑같은 말일지 모른다. 처음엔 타인이었다가 친밀한 사이가 되고 다시 타인으로 돌아가는 인간관계를 볼 때 우리 모두는 친밀한 타인이기도 하고 그렇지 않기도 하다는 말이다. 우연히 친밀한 타인이 되고, 또 친밀한 타인을 만나게 되는 것이다. 삶이 느슨하다고 느껴질 때 우리 모두 한번쯤은 남모르게 운명적 타인을 기다리지 않았던가. 영화 속의 그들처럼.

*친밀한 타인들

빠트리스 르꽁트 감독, 안느 브로쉐, 상드린 보네르, 주연

소중한 거짓말

일전에 보내드린 책을 받으셨는지 전화를 하셨다. 매번 '잊혀진 사람' 한테까지 책을 보내줘서 고맙다는 말씀에 그 분의 쓸쓸함이 전해진다. 어느 새 십년을 훌쩍 넘긴 '수필동인' 의 연륜처럼 선생께서도 나이 들어간다며 회고하신다. 지금보다 조금 젊으셨을, 교류가 빈번했던 그 시절이 그리워 그런 표현을 하셨으리라.

수년 째, 사화집을 발송하는 작업을 맡고 있다. 그 중에는 얼굴로 아는 분, 이름으로만 아는 경우도 꽤 있지만, 모두 수필과 인연이 있는 것만은 틀림이 없다.

여기저기 책을 보낼 때 마음의 우표도 붙여 보내는 걸 아시는지 더러는 송구할 만큼 덕담을 화선지에 담아 화답해주시는가 하면, 짧은 문장이지만 마음이 실린 엽서를 보내주시기도 한다. 시대가 시대니만큼 전자메일을 받기도 하는데,

실은 묵묵부답인 경우가 대부분이다.

자칭 '이웃집 남자'에게서 책을 잘 받았다는 메일이 왔다. 졸지에 이웃집 여인이 되게 한 그는 아파트 바로 앞 동에 사는 옛 문우다. 그 표현이 처음엔 야릇하더니만 지금은 피식 웃음이 날만큼 익숙하다. 그런데, 그가 보내온 메일 제목이 '수령증'이다. 수령증이라니? 자칫 메일주소를 확인하지 않았다면 스팸메일함에 그대로 넣을 뻔했다. 메일을 열고나서야 생뚱맞은 단어가 주는 궁금증이 풀렸다. 매번 소식 없이 지내다가 책을 받고나서야 메일을 보내는 게 미안했던 모양이다. 이른바 책 잘 받았다는 수령증인 것이다.

'수령증'과 '잊혀 진 사람' 얼핏 상관없어 보이는 그것들이 생각을 이끈다. 누구에겐가 잊혀 진다는 건, 이유를 막론하고 서글픈 일이 아닐 수 없다. 관계의 상실도 있고, 좋다 나쁘다로 설명되지 않는 복잡 미묘한 것들로 요변을 떠는 마음도 있겠다. 생각해보니, 수령증(?)을 써주지 않아서 잊혀 질수도 있겠다. 오래 전, 순수로 무장했던 무렵엔 그럴 듯한 글귀 하나에 감격하고 감동했었다. 그러나 언제부터인가 그런 무형의 것들이 더 이상 통하지 않을 만큼 가슴이 메말라 있다. 특히나 요즘은 표현방법이 적극적이고 다양하고 세련되어 간다. 얼마 전에 수상을 앞둔 성격 좋은 한 문우가 마음보다는 기꺼이 선물을 받겠다는 공표를 하여 좌중이 한바탕 웃음을 터뜨린 적이 있다. 그 웃음 속에 담긴 의미심장함엔 물질만이 아닌, 그 나름의 표현이었으리라.

머물렀던 시간은 곧 머물렀던 사람을 뜻한다. 인생 순리가 그렇듯 오는 인연이 있으면 가는 인연이 있게 마련이다. 세월의 어쩔 수 없는 흐름처럼 부득이 잊을 수밖에 없는 시간도 있겠다. 애써 서로가 잊혀 진 사람이 되기도 하는 것이다. 내 마음을 상대도 알아주겠거니 하다가 어느 날 소원하게 되지는 않던가. 감정표현에 앞서 상대가 혹시 오해를 하면 어쩌나하는, 걱정 아닌 걱정을 하다보면 지레 부담스러워지고 만다. 관계의 신중함도 있겠지만 실은 마음의 벽에서 오는 망설임 탓이다.

며칠 전, 우연히 '사랑하는 이한테 영수증을 써 주겠다'는 대중가요를 듣고 얼마나 뜨악했던지. 마음을 확실하게 표현하겠다는 사랑의 말에 동요는커녕 씁쓸한 것이다. 마음이란 강물처럼 어디론가 흘러가게 되어있다는 순리(?)에 나도 모르게 적당히 세뇌 되어 있었던가보다. 그로 인한 부질없음을 겪은 탓이다. 그런가하면 툭 던진 한마디에 말에 마음 싸하도록 와 닿기도 하고 온갖 미사여구에 거부감이 들기도 한다. 그럴 땐 통한다는 '진실'마저도 일방적이라는 위험요소를 갖고 있는게 아닌가 한다.

어떤 이유로든 최소한의 인간관계를 상실하면 소중했던 많은 이야기들이 종내는 거짓말이 되어버린다. 추억은 아름답다했으니 생각하기에 따라선 소중한 거짓말인 셈이다. 본의 아니게 거짓말이 되고 허무함만 남는 것이다. 특별한 그 '거짓말'이 인생의 한때를 얼마나 달콤하게 했던가를 생각하면 그리 넘치는 표현은 아닌 듯싶다.

사노라면, 행방이 묘한 안부의 누적으로 우리 모두가 쓸쓸한 표정을 닮아 가는 건지도 모르겠다. 세월은 분명 거짓말처럼 흘러갈 테니 영수증이든, 수령증이든 부지런히 사인을 하며 살아야 하지 않을까싶다. 훗날 소중한 거짓말이 되지 않으려면…… 누군가와의 약속들이 오래 연명하려면 말이다.

연 혁

1994. 6. 2	강촌수필문학회 발족
1994. 12. 18	강촌수필 창간호 발간
1995. 10. 21	강촌수필 제2집 발간 출판기념회
1996. 1. 25	돈.호세.바퀘다노 교수(외국어대) 특강 〈마야문명〉
1996. 2. 6	이삼현 교수(전 국민대 법정대) 특강 〈인간과 문화〉
1996. 2. 27	강범우 교수(덕성여대평생교육원)〈수필이론〉종강과 수료식 (1994. 2. 5 ~1996. 2. 27)
1996. 4. 16	도창회 교수(동국대) 특강 〈수필의 문장형식〉
1996. 7. 9	박선규 교수(군산대) 특강 〈예술작품의 내용과 형식〉
1996. 7. 16	박선규 교수〈老莊思想〉개강
1996. 7. 20	수필문학사 하계세미나 참석 〈전남 무안에서〉
1996. 10. 12	강촌수필 제3집 발간 출판기념회
1997. 2. 21	공덕룡 교수(전 단국대부총장) 특강 〈수필의 해석〉
1997. 3. 20	노장사상老莊思想 종강
1997. 5. 11	'97 고양세계꽃박람회 문화행사 참여 〈노을과 음악이 흐르는 수필낭송회〉
1997. 6. 4	'97고양세계꽃박람회장 신동영고양시장으로부터 감사패 받음
1997. 6. 11	이삼현 교수(전 국민대 법정대)강의〈종교와 인간〉개강
1997. 6. 28	'송강 정철' 시비 제막식 참가
1997. 8. 29	중남미 문화원 탐방
1997. 10. 18	강촌수필 제4집 출판기념회
1998. 4. 3	'백만인의 수필교실' 저자 강범우 교수 수필론 개강
1998. 5. 6	울진 원자력본부 초청 세미나참석(한국신문학회 주관)
1998. 5. 15	〈종교와 인간〉 종강
1998. 6. 13	두번째 수필낭송회 〈 '개벽' 에서 부르는 노래〉

1998. 6. 18	'문부집석文賦集釋' 박선규 교수(군산대) 강의 개강
1998. 10. 25	양혜숙 회원 제9회 문예사조 문학상 우수상 수상
1998. 12. 4	수필낭송회 〈송년의 밤〉
1998. 9. 30	강촌수필 제 5집 '바람은 쉬지않는다' 발간
1999. 1.	전대주(신경정신과 전문의) 특강 〈인간의 본능〉
	김정오 교수 특강 〈수필의 유형〉
1999. 5. 30	제4회 수필낭송회 〈호수에서 부르는 노래〉
	호수공원 주제광장에서
1999. 6. 19	신진숙 회원 '열리지 않는 창' 시집 발간
1999. 8. 11	야외수업 〈기차로 떠나는 문학기행〉
1999. 9. 30	강촌수필 제6집 발간
1999. 10. 12	강촌수필 제6집 발간 출판 기념(한국통신 대강당에서)
1999. 12. 15	제5회 수필낭송회 '밀레니엄파티' (문화공간 '개벽' 에서)
2000. 2. 22	기차로 떠나는 테마여행 (간이역 '승부' 에서 '추전' 까지)
2000. 9. 30	강촌수필 제7집 발간
2000. 10. 8	수필이론 강의 개강(강범우 교수)
2000. 12. 14	제 6회 수필낭송회 '겨울나그네'
2001. 8. 4	한국수필문학 무주 하계 세미나 참석
2001. 9. 30	강촌수필 제8집 발간
2002. 2. 20	'백만인의 수필교실' 종강식(고양교육청강당)
2002. 4. 4	고양시민공개강의 개강식
	동양사상(삼가사상 유 · 불 · 선)
2002. 7. 30	박문재 회원 수필집 발간 '꽃은 지는 줄 알며 핀다'
2002. 9. 9	신진숙 회원 수필집 발간 '내 안의 봄봄'
2002. 9. 26	동양사상 25강 공개강의 종강
2002. 10. 10	강촌수필 제9집 발간 '흔적, 그 속으로'

2002. 10.20	양혜숙 회원 수필집 '꿈꾸는 者의 여정'
2002. 12.19	'책 주는 5일 까페' 이벤트
2002. 12.26	송년수필낭송회 '흔적 그 속으로' ('개벽' 에서)
2003. 3.16	지리산 문학기행
2003. 4.10	화전놀이
2003. 9.30	강촌수필 제 10집 발간 '길 위의 나날들'
2003. 11.20	김영순 회원 '언제나 오늘' 수필집 출간
2003. 12. 11	송년 수필낭송회 '길 위의 나날들'
2004. 4. 5	임봉근 회원 별세
2004. 4. 12	제 2회 화전놀이 (가평군 설악면)
2004. 5. 27	강촌수필문학회 사무실 개소식(주엽동 에비뉴상가 2086호)
2004. 6. 4	김희숙회원 수필집 '무수리의 날개옷' 발간
2004. 6. 10	임봉근회원 추모문집 '호박꽃은 진후에 아름답다' 발간
2004. 6. 24	계간지 '풍경' 창간호 발행
2004. 9. 30	강촌수필 제 11호 동인지 '해 뜨고, 해 지고 꽃 피고 꽃 지고..' 발간
2004. 10.10	행주문화제 시 · 수필낭송회 참가 고양어울림 별모래극장(고양문협주관)
2004. 10.15	계간지 가을 2호 발행
2004, 10.28	낙하리 가을 나들이
2004. 12.16	송년회 (에비뉴사무실)
2005. 1. 6	신년회 (에비뉴사무실)
2005. 1.20	계간지 3호 '겨울' 발행
2005. 3.31	계간지 4호 '봄' 발행
2005. 4. 27	문학기행(강화 석모도)
2005. 5. 20	김필례회원 월간' 문예사조' 로 수필 등단
2005. 6. 23	계간지 5호 '여름' 호 발행
2005. 9. 30	강촌수필 제12집 발간(신원출판사)

2005. 10. 2	행주문화제 참여 고양시 음악협회 문인협회 공동기획 공연 '이 가을에 음악과 문학이 만나면' (덕양어울림누리 별모래극장)
2005. 10. 6	동인지 13호 출간 자축연 (백석동 까페 'folkpick')
2005. 12. 7	계간지 6호 '겨울' 발행
2005. 12. 8	2005년 송년회 (강촌사무실)
2005. 12. 20	최봉희회원 수필집 '사랑은 동사다 발간 (에세이출판사)
2006. 2. 13	이은영회원 한국수필문학사 수필공모 당선, 문학시대 봄호 詩 등단
2006. 3. 10	계간지 7호 '봄' 발행
2006. 3. 20	화전놀이(파주시 탄현면 낙하리)
2006. 4. 29	김유정문학촌 탐방 (춘천 실레마을, 서대문문인협회주관)
2006. 5. 15	스승의 날 기념 회합 (강범우교수를 모시고 '군원' 에서)
2006. 5. 25	황경원회원 에세이플러스(발행인 임헌영)로 수필등단
2006. 6. 10	계간지 8호 '여름' 발행
2006. 8. 11	제8회 만해대축전 참석 (강원도 인제군 만해마을)
2006. 9. 20	배희님 회원 수필집 출간 '나도 가끔 외도를 꿈꾼다' (사람이 있는 풍경 펴냄)
2006. 9. 30	강촌수필 13호 동인지 발행 (신원출판사)
2006. 9. 30	신진숙 회원 시집 발간 '붉은 꽃 열흘', '신발이 부르는 소리' (신원출판사)